Kontaktadresse nach EU-Produktsicherheitsverordnung:
produktsicherheit@fischerverlage.de

Für seine Lustspiele und Komödien hat sich Hofmannsthal immer wieder von ganz unterschiedlicher Seite inspirieren lassen: durch Molière und die Commedia dell'Arte, durch Shakespeare und das Wiener Volkstheater. So knüpft gerade ›Der Unbestechliche‹, wohl das populärste Drama Hofmannsthals (1923 uraufgeführt), an die Tradition des Volkstheaters an mit dem Diener Theodor als Hauptfigur, der durch seine Intrige und durch klugen Witz ein heimliches »Techtelmechtel« der Herrschaft zu verhindern weiß. Der moralisch integre Hausangestellte gehört mit »seiner ehrerbietigen, seiner unterwürfigen Aufsässigkeit, seiner boshaften Gutherzigkeit und seiner rauhbeinigen Zartheit« (Richard Alewyn) zu den herausragenden komischen Charaktere der deutschsprachigen Dramatik.

Hugo von Hofmannsthal wurde am 1. Februar 1874 in Wien geboren und verfasste schon in früher Jugend Gedichte und Versdramen, die seinen Ruhm begründeten. Er studierte zunächst Jura, dann Romanistik und promovierte 1898. Die größte Popularität erreichte Hofmannsthal mit seinen in Zusammenarbeit mit Richard Strauss entstandenen Operndichtungen und mit ›Jedermann‹. Hugo von Hofmannsthal starb am 15. Juli 1929 in Rodaun.

Unsere Adresse im Internet: www.fischer-tb.de

Hugo von Hofmannsthal

Der Unbestechliche

Lustspiel in fünf Akten

Auf Grund der Kritischen Ausgabe der
Sämtlichen Werke Hugo von Hofmannsthals
herausgegeben von
Roland Haltmeier

Fischer Taschenbuch Verlag

Textgrundlage dieser Ausgabe
sind die Seiten 35–112 des Bandes
Hugo von Hofmannsthal, ›Sämtliche Werke. Kritische Ausgabe,
Band XIII, Der Unbestechliche‹,
herausgegeben von Roland Haltmeier,
Frankfurt am Main: S. Fischer Verlag 1986.

2. Auflage

Printed in Germany
ISBN 978-3-596-13274-4

Inhalt

VORWORT

Hofmannsthals Prosakomödie ›Der Unbestechliche‹ ist nach ersten bruchstückhaften Notizen aus den Jahren 1918–1921 ab Juni 1922 entstanden und am 16. März 1923 am Wiener Raimundtheater uraufgeführt worden. Die Entstehung des Stücks fällt in eine Zeit tiefgreifender politischer, wirtschaftlicher und gesellschaftlicher Veränderungen in ganz Europa. Die Donaumonarchie ist davon in besonders schwerwiegender Weise betroffen: Die verschiedenen Friedensschlüsse und insbesondere die daraus folgenden Gebietsverluste sowie die vor allem aus der Inflation erwachsenen wirtschaftlichen Schwierigkeiten führen zum raschen Zerfall der einst glanzvollen Donaumonarchie und damit zur Zerstörung einer kulturellen Tradition und einer gesellschaftlichen Ordnung, die Hofmannsthal als Mensch und Künstler in der Existenz erschütterten. Mit vielen seiner späten Werke, so auch mit dem ›Unbestechlichen‹, hat er auf diese zeitgeschichtliche Entwicklung reagiert und damit auch künstlerisch eine Neuorientierung vorgenommen.

Ausgangspunkt von Hofmannsthals Ansatz war das Bewußtsein, mit künstlerischen Mitteln die reale gesellschaftliche Wirklichkeit spiegeln und auf der Bühne eine neue innere Wirklichkeit schaffen zu können. Für das Verständnis des ›Unbestechlichen‹ ist dies von zentraler Bedeutung. Die gesellschaftliche Verankerung des Stücks im österreichischen Landadel und die mit den letzten Veränderungen am Text vorgenommene zeitliche Fixierung der Handlung auf das Jahr 1912 schufen einen fiktiven inhaltlichen Rahmen. In der scheinbar intakten adligen Welt des Stücks wird allerdings bereits die Erfahrung der Zerstörung sichtbar. Dies machte es möglich, im intimen Bereich des Bühnengeschehens das Wesen und die Vielfalt der individuellen und gesellschaftlichen Verhältnisse und Beziehungen in einer ganz speziellen Weise darzustellen. Es handelt sich dabei um die zeichenhafte Auseinandersetzung mit dem Schicksal der Donaumonarchie wie auch mit Hofmannsthals künstlerischem

Selbstverständnis. So sind in diesem Lustspiel seine Grundthemen und -anliegen ebenso wichtig wie geistes-, motiv- und gattungsgeschichtliche Zusammenhänge. Zudem haben schon während der Entstehung die Gesetzmäßigkeiten des zeitgenössischen Theaters eine gewisse Rolle gespielt.

Erste Anregungen zum ›Unbestechlichen‹ erhielt Hofmannsthal aus verschiedenen literarischen Werken. Die kreative Anverwandlung solcher Impulse führte schließlich zu einem eigenen Lustspielkonzept. Dieses Vorgehen entsprach Hofmannsthals Vorstellung der genannten Möglichkeiten dichterischer Gestaltung von Wirklichkeit. Im Vordergrund standen am Anfang einzelne Figuren, allen voran Jaromir und Theodor, und dazu bestimmte Konstellationen. Auch im Verlauf der Entstehung blieben literarische Anleihen wichtig, so zum Beispiel bei Beaumarchais' ›Mariage du Figaro‹, etwa für die Ausgestaltung des Herr-Diener-Motivs und des Gattungscharakters, und bei Molières ›Tartuffe‹, beispielsweise für die dramaturgische Gestaltung der Exposition. Auch die Nähe zu Werken von zeitgenössischen österreichischen Autoren wie Hermann Bahr, Arthur Schnitzler und Robert Musil ist unverkennbar.

Ein Lektüreerlebnis und die Begegnung mit einem Schauspieler hatten im Frühjahr 1922 entscheidende Folgen für die Entstehung des Stücks. Im März 1922 las Hofmannsthal Dostojewskis Roman ›Das Gut Stepantschikowo und seine Bewohner‹. Foma Fomitsch, die dominierende Dienerfigur des Romans, regte ihn an zu einer Vielzahl von Notizen und Entwürfen. Dabei standen die Charakterzeichnung von Theodor und typische Figurenkonstellationen im Vordergrund. Nun kam die Ausarbeitung des ›Unbestechlichen‹ nach einer langen Zeit der Latenz plötzlich in Gang. Im Mai 1922 folgte eine für Hofmannsthal eindrückliche Begegnung: Er erlebte den Schauspieler Max Pallenberg in der Rolle eines Detektivs in einer englischen Komödie auf der Bühne. Hofmannsthal sah Pallenberg bereits in dieser frühen Phase der Entstehung als möglichen Darsteller des Theodor. Die Dienerfigur war nun schon eigentlicher Mittelpunkt des Stücks, das immer noch den frühen Arbeitstitel ›Jaromir und Theodor‹ trug. Auch die mögliche Realisierung im Theater und die unmittelbare öffentliche Wirkung waren damit ins Blickfeld geraten.

Die Ausarbeitung ging ab Juni 1922 zügig voran. Trotz gewisser Schwierigkeiten bei der Ausgestaltung des zweiten und fünften Akts war die Niederschrift aller fünf Akte nach Mitte November beendet. Als im Dezember 1922 feststand, daß das Stück unter der Regie von Rudolf Beer im Wiener Raimundtheater uraufgeführt werden sollte, nahm Hofmannsthal mit Pallenberg Kontakt auf, veränderte mit ihm zusammen den Text, vor allem den dritten Akt, kürzte das Ganze und schuf noch im Februar 1923 eine dreiaktige Fassung mit dem Titel ›Theodor und das Ganze‹. Erst während der Proben wurde die fünfaktige Version wiederhergestellt und der endgültige Titel gefunden, der auf Robespierres Beinamen »l'incorruptible« anspielt und damit einen besonderen Akzent setzt. So kam die Textentstehung eigentlich erst mit der Uraufführung des Lustspiels zum Abschluß. Auch dies macht deutlich, daß die entscheidenden Phasen der Genese bestimmt waren durch äußeren Druck und eine recht große Hektik. Dies mag auch der Grund sein, daß der vollständige Text damals nicht gedruckt wurde.

Die Besonderheiten der Entstehung sind für das Verständnis von Hofmannsthals Prosakomödie nicht ohne Bedeutung. Das Stück ist gesehen worden als ein für Hofmannsthals spätes Komödienschaffen typisches, symbolhaftes, oft allegorisches Spiel von Formen voller Ironie und Komik. Man hat den ›Unbestechlichen‹ wegen der ausgeprägten religiösen Dimension im letzten Akt in die Nähe des Welttheaters gerückt und die konservative politische Botschaft betont, die in der Lösung am Schluß erkennbar wird. In der Tat präsentiert bereits der erste Akt eine schillernde Vielfalt zeichenhafter Elemente. Allein schon der Verweischarakter der Dialogführung, die Struktur des Indirekten, unterstreicht dies. Ausgangspunkt ist die Darstellung der Krise der allgemeinen Zustände im intimen Rahmen eines familiären Beziehungsgeflechts. Es werden Figuren gezeigt, die sich in einer gesellschaftlichen Situation voller Konventionen in besonderer Weise entfalten und in der Dialektik von Wesen und Rolle zunehmend verstricken. Das Motiv der Ehe erhält dabei eine wesentliche Bedeutung, denn die Bedrohung der Ehe von Anna und Jaromir steht zeichenhaft für die Bedrohung dieser Gesellschaft. Als Kern einer privaten Ordnung wird sie gespiegelt an der staatlichen Ordnung, eben an jenem »Ganzen«, das dem Diener Theodor so am Herzen liegt. Er wird als Regisseur des Bühnenspiels zu einer einzigartigen, schillernden und insgesamt faszinierenden Theaterfigur, zu einer Charakterstudie voller Ambivalenz. Jaromir, der Herr, der mit umsichtigem Geschick sein ehebrecherisches Abenteuer vorbereitet, erhält im Diener einen persönlichen Gegenspieler. In dieser Funktion des Gegenspielers zeigt sich besonders deutlich, wie die individuellen Züge Theodors zugleich Ausdruck von gesellschaftlichen und übergesellschaftlichen Dimensionen werden. Er ist ein raffinierter, herrschsüchtiger und zugleich scheinbar ergebener Diener, der mit allen, auch scheinbar zauberischen Mitteln jene alte, traditionelle Ordnung wieder instandsetzen will, in der er wurzelt, eine Welt, die es vor der Bedrohung und Zerstörung zu retten gilt.

Die klassische Intrige führt schließlich zur Verhinderung des Ehebruchs und schafft die Voraussetzung für die eheliche Versöhnung. Die Lösung am Schluß gleicht einem Wunder. Die neue Verbindung der kindlich-zarten Anna und des wider alle Psychologie bekehrten Abenteurers Jaromir hat einen ausgeprägt mystisch-religiösen Charakter. Im gattungsgemäß gestalteten Schluß wird allerdings offensichtlich, daß entsprechend der Entwicklung der Charaktere keine echte innere Aussöhnung vorliegen kann, daß die Entwicklung der Handlung im modernen Verständnis nicht zu innerer Harmonie und Integration führt. Theodors Kampf gegen die Bedrohung der Ordnung des Ganzen führt nicht zu einer eigentlichen Rettung, sondern bleibt in einer ambivalenten Offenheit. Dies ist der Gattung Komödie besonders gemäß und führt inhaltlich wie formal zur vielfältigen Spiegelung einer menschlichen Grundsituation.

Diese künstlerisch bewußt gestaltete Einbettung des einzelnen in neue Bindungen ist nicht nur für den ›Unbestechlichen‹ prägend. Sie ist für viele Schriftsteller jener Zeit generell von Bedeutung. Ausgehend von einem ausgeprägten Krisenbewußtsein versuchen sie, anders als die Expressionisten, einen neuen, ganzheitlichen gesellschaftlichen oder metaphysischen Zusammenhang zu schaffen. Im Unterschied zu jenen Autoren, die politisch Stellung beziehen und dabei von fortschrittlich bürgerlichen oder proletarisch-revolutionären Positionen herkommen, werden bei Hofmannsthal die Figuren in eine an der abendländischen Geistesgeschichte orientierte mystisch-religiöse Ganzheit gebunden. Die Darstellung einer solchen Position war allerdings auf der zeitgenössischen Theaterbühne recht ungewöhnlich und die Wirkung recht kontrovers.

Die Uraufführung des Stücks am 16. März 1923 war ein großer Publikumserfolg. Die Meinungen der Kritiker gingen jedoch recht stark auseinander. Positiv reagierte das Publikum auch auf die deutsche Erstaufführung am 21. September 1923 im Berliner Lessingtheater, ebenfalls unter der Regie von Rudolf Beer und mit Max Pallenberg in der Titelrolle. Die deutsche Kritik hingegen war zum Teil vernichtend. Diese unterschiedliche Resonanz vermag insofern nicht zu erstaunen, als im Berliner Theater jener Zeit, das von der expressionistischen Dramatik geprägt wurde, ein Stück wie der ›Unbestechliche‹ eher fremd erscheinen mußte. Nicht zuletzt diese Erfahrung mit der Berliner Kritik ließ Hofmannsthal den Plan einer Überarbeitung des Texts ins Auge fassen. Dazu kam es allerdings nicht mehr. Auch auf der Bühne geriet das Stück in Vergessenheit. Erst Anfang der fünfziger Jahre erlebte es eine eigentliche Renaissance, die dazu führte, daß der ›Unbestechliche‹ neben dem ›Jedermann‹ und dem ›Schwierigen‹ zu den publikumswirksamsten und erfolgreichsten Dramen Hofmannsthals avancierte.

Diese Taschenbuchausgabe stützt sich auf Band XIII, Dramen 11, der ›Sämtlichen Werke‹, Kritische Ausgabe, veranstaltet vom Freien Deutschen Hochstift, hrsg. von Rudolf Hirsch, Christoph Perels, Edward Reichel und Heinz Rölleke, Frankfurt am Main, S. Fischer Verlag 1986. Dort werden die zahlreichen Vorstufen zum ›Unbestechlichen‹, das heißt Notizen, Entwürfe, Niederschriften und Reinschriften, umfassend dargestellt und kommentiert; der Band enthält zudem ausführliche Hintergrundinformationen zu diesem bedeutenden Lustspiel: die Entstehungsgeschichte, Erläuterungen, die Darstellung der wesentlichen Quellen und briefliche wie biographische Zeugnisse.

Roland Haltmeier

DER UNBESTECHLICHE

LUSTSPIEL IN FÜNF AKTEN

Personen

DIE BARONIN
JAROMIR, ihr Sohn
ANNA, dessen Frau
MELANIE GALATTIS
MARIE AM RAIN
DER GENERAL
THEODOR, Diener
HERMINE, eine junge Witwe
DER KLEINE JAROMIR, vier Jahre alt
DIE BESCHLIESSERIN
DIE JUNGFER
DER KUTSCHER
DER GÄRTNER
DAS KÜCHENMÄDCHEN

Spielt auf dem Gut der Baronin in Niederösterreich, im Jahre 1912

(Bühneneinrichtung nach der Wiener Uraufführung)

I. AKT

Eine Parkterrasse, die rückwärts durch einen Gartensaal abgeschlossen ist, zu dem man auf einer Freitreppe von fünf oder sechs Stufen emporsteigt.

I. SZENE

JUNGFER Das ist wieder eine Anordnung vom Theodor. *Ab.*

BESCHLIESSERIN *eilig auftretend* Ist die Frau Baronin nicht da? Es wäre notwendig, ihren Rat einzuholen. *Rasch ab.*

GÄRTNER *eilig auftretend* Theodor, die Dispositionen müssen geändert werden. Wir haben zu wenig Zimmer. *Rasch ab.*

Alles ist im größten Tempo zu spielen.

BESCHLIESSERIN *tritt eilig wieder auf* Ist die Frau Baronin nicht da?

GÄRTNER *tritt eilig wieder auf* Ist die Frau Baronin nicht da?

JUNGFER *tritt eilig wieder auf* Ist die Frau Baronin nicht da?

Sie treten alle drei zugleich von verschiedenen Seiten auf.

JUNGFER *mustert den Gärtner* In der Livree wollen Sie mitservieren? Wer hat das angeordnet?

BESCHLIESSERIN Wenn man auf mich gehört hätte – – wenn man die Einteilung so gemacht hätte, wie ich vorgeschlagen, und hätte der Fräulein Am Rain das kleine Jägerzimmer neben der Frau von Galattis gegeben – –

2. SZENE

Baronin ist von links eingetreten, ein Telegramm in der Hand. Jungfer macht der Beschließerin Zeichen, sie solle schweigen.

BARONIN Machen Sie kein Geschwätz, Wallisch, Anordnungen treffe ich, und zu ihrer Durchführung ist der Theodor eingesetzt, und damit basta! *Zur Jungfer* Den Kutscher will ich sehen. Wie er ist! In der Stalljacke, in Hemdärmeln, wie er ist!

Jungfer geht durch die Glastür.

BARONIN *liest indessen das Telegramm* Eintreffe Zellerndorf, drei Uhr elf, herzlich Melanie. Das Telegramm ist in der Früh dagelegen – – heißt das jetzt heute oder morgen? Eine zu dumme Form! Kann sie nicht hinschreiben Mittwoch! Was hat sie nur »Melanie« zu unterschreiben, so intim sind wir nicht! – – – Und drei Uhr elf kommt kein Schnellzug an, soviel ich weiß – – – kann dieses Spatzengehirn von einer Modepuppe nicht ordentlich im Fahrplan nachschauen? – – *Den Gärtner bemerkend* Wer hat denn Sie in dieses Faschingskostüm gesteckt?

BESCHLIESSERIN Das sind, Euer Gnaden Frau Baronin, diese Bosheiten, diese Willkürlichkeiten, die sich der Theodor gegen jeden Einzelnen von uns herausnimmt!

BARONIN Wallisch, ich habe Sie nicht um Ihre Ansicht gefragt! *Zum Gärtner* Und Sie, hinaus – – als Jäger anziehen, grauen Rock, graue Hose, und grüne Lampas – – um vier Uhr dreißig gestellt zum Tee, abtreten!

Gärtner macht rechtsum kehrt und geht.

BARONIN Sind die Fremdenzimmer endlich vorbereitet?

BESCHLIESSERIN Ich bitte gehorsamst, daß ich davon nichts gewußt habe, wenn jetzt plötzlich die Frau von Galattis allein kommt ohne den Herrn Gemahl – – wenn der Theodor nicht der Mühe wert befindet mich zu verständigen, wenn angeordnet und wieder umgestoßen wird – – –

BARONIN Kein Wort mehr über den Theodor! Genug!

3. SZENE

Jungfer mit dem Kutscher kommt über die Terrasse. Der Kutscher ist in Stalljacke und einer Schürze.
Beschließerin wartet noch einen Augenblick, geht dann ab.

BARONIN *zum Kutscher* Es sind auf beiden Bahnhöfen Gäste abzuholen. – Da – – *gibt ihm das Telegramm* erkundigen Sie sich auf der Station, wann der Zug ankommt, von dem hier so beiläufig die Rede ist.

KUTSCHER *nimmt das Telegramm und behälts in der Hand* Melde gehorsamst, das geht nicht.

BARONIN Was geht schon wieder nicht?

KUTSCHER Zweierlei Abholungen am heutigen Nachmittag. Die Schimmel müssen geschont werden.

BARONIN Nehmen Sie die Mascotte in die Gabel vor'm Dogcart, Himmel Herrgott!!

KUTSCHER Melde gehorsamst, das geht nicht! Auf der Mascotte ist der Stallbursch in die Stadt geritten, den Schlosser zu holen.

BARONIN Jetzt?

KUTSCHER Befehl vom jungen Herrn Baron! Es ist eine Dachreparatur, sehr dringend, bevor die Gäste da sind.

BARONIN Richten Sie sich ein, wie Sie können. Ihr: das geht nicht! will ich nicht mehr hören! Warum geht denn alles wenn der Theodor dahinter ist? Genug! Gehen Sie bevor ich mich ärgere. *General öffnet ein bißchen die Tür links, steckt den Kopf durch den Spalt und verschwindet wieder.*

KUTSCHER Melde gehorsamst, der Theodor versteht vom Stalldienst – – *ab.*

4. SZENE

GENERAL *kommt sofort wie er die Baronin allein sieht herein* Amelie! Sie ärgern sich –

BARONIN Ich ärgere mich nicht, meine Dienstleute ärgern mich! Der Theodor hat mir am ersten gekündigt! Heute ist der vierzehnte Tag und er hat seine Kündigung bis zu dieser Stunde nicht zurückgenommen und sich obendrein krank gemeldet.

GENERAL Der Theodor! Das ist ja – –! *Er bleibt stehen.*

BARONIN Das ist von allen Dingen auf der Welt, die hätten passieren können, ungefähr das einzige, das geeignet ist, mich vollkommen aus der Fassung zu bringen; wenn es das ist, was Sie sagen wollen, Ado, dann haben Sie das Richtige zu sagen vorgehabt.

GENERAL Ja, wie ist denn das möglich! Das kann sich ein Dienstbote nicht unterstehen.

BARONIN Sie wissen sehr genau, Ado, daß der Theodor kein Dienstbote ist, sondern eben – der Theodor – und außerdem hab ich ihm bei einem gewissen Anlaß vor zwei Jahren schriftlich gegeben –

GENERAL Sie sind zu gut, Amelie –

BARONIN Daß er jederzeit berechtigt sein soll den Wunsch zu erkennen zu geben, sich auf seinen Ruhesitz zurückzuziehen, das kleine Anwesen auf der Mühle, das er von seiner Großmutter geerbt hat in seiner Heimat irgendwo in den Waldkarpathen, wo sich die Wölfe gute Nacht sagen.

GENERAL Ja, und dieser Kerl hat nicht so viel Herz, so viel Anhänglichkeit an Sie – –

BARONIN *geht auf und nieder* Ich bin ihm genau so gleichgiltig, wie allen Menschen eine Frau meines Alters ist –

GENERAL *mit einer fliegenden Röte, die sein Gesicht plötzlich sehr jung macht* Ich werde selbst den Theodor in seinem Zimmer aufsuchen. Er war vor siebenundzwanzig Jahren Ulan in meiner Schwadron – er hat noch militärischen Geist in sich; er hält ja heute noch Rapporte mit der Dienerschaft –

BARONIN Nur um Gotteswillen keinen martialischen Ton, Ado, Sie kennen seine krankhafte Empfindlichkeit! – Aber vielleicht daß wieder irgendwelche außerordentlichen Conzessionen –

GENERAL Zu denen Sie also bereit wären?

BARONIN Zu jeder!

GENERAL Ich gehe – Amelie. *Er bleibt aber stehen.*

JAROMIR *kommt über die Terrasse, tritt durch die Glastür ein* Wohin denn, Ado?

GENERAL *im Abgehen* Ich habe eine Mission.

5. SZENE

JAROMIR Ah, ich höre, der Theodor hat sich zur Abwechslung in den Schmollwinkel zurückgezogen! Ich hab Dirs gesagt, Mama, wie er vor vier Jahren, kurz nach meiner Heirat, sein bon plaisir zu erkennen gegeben hat, aus meinen Diensten wieder in Deine zurückzutreten. Ich kann ihn nach siebzehnjährigem Beisammensein nicht mehr aushalten – wenn Du es versuchen willst! A la bonne heure! Er ist ja eine Perle und in seiner Klasse ein ungewöhnlicher Mensch, aber er liebt Szenen – und da mir Szenen beiläufig das Verhaßteste auf der Welt sind – und da ich hauptsächlich darum eine äußerst vernünftige und friedfertige kleine Frau geheiratet habe, um in meinen reiferen Jahren mich friedlich umgeben zu wissen –

BARONIN Der Theodor ist ein ganz ausgezeichneter Mensch!

JAROMIR Aber ohne Frage, ein Erzengel – aber ich vertrage eben nicht, einen Erzengel zum Diener zu haben, in dem alle paar Monate lang der Machtkitzel erwacht, mir zu zeigen, daß er der Stärkere von uns beiden ist.

BARONIN *geht geärgert auf und ab, raucht* Du scheinst die Möglichkeiten dessen, was ein beschränktes Hauspersonal leisten kann, etwas zu überschätzen, mein Lieber, sonst hättest Du nicht heute an dem Tag, wo Deine verschiedenen Freundinnen von sämtlichen Bahnhöfen abzuholen sind, den zweiten Kutscher zu Pferd in die Stadt geschickt, um den Schlosser für eine schließlich gleichgültige Dachreparatur herzubestellen –

JAROMIR Pardon, Mama, grade diese Dachreparatur ist unaufschieblich. Es kann kein Mensch der eines der Turmzimmer bewohnt, in der Nacht ein Auge zumachen, wenn eine losgerissene Dachrinne an ein wackelndes Eisengeländer schlägt – das muß ich als Bewohner der Mansarde wissen.

BARONIN *stehend* Du hast Dir oben ein Schreibzimmer eingerichtet, höre ich – aber Du schläfst doch nicht oben?

JAROMIR Allerdings, seit einer Woche!

BARONIN Ah?

JAROMIR Seit die Baby in der Nacht mit den Zähnen so unruhig ist, hat die Anna darauf bestanden, daß ich mich umquartiere.

BARONIN *geht auf und nieder* Auch deine diversen Freundinnen sind jedenfalls sehr große Verhältnisse gewohnt.

JAROMIR Wie meinst Du das, Mama?

BARONIN Häuser gewohnt, wo es gar keine Umstände macht, wenn man im letzten Moment seine Dispositionen abändert.

JAROMIR Inwiefern?

BARONIN Er, Galattis, erscheint also plötzlich nicht, oder erscheint erst später – Madame kommt allein.

JAROMIR *scheinbar sehr erstaunt und amüsiert* Die Melanie kommt ohne Jungfer! So eine bizarre Frau! Ich hätte nicht gedacht, daß sie ohne Jungfer eine Nacht in einer Jagdhütte verbringen würde. Aber so ist sie, unberechenbar. Sie wird dich unterhalten.

BARONIN *wieder auf und ab* Frauen unterhalten mich selten!

JAROMIR Man wird plaudern, man wird ein bißl im Park herumgehen. Jedenfalls führst Du das Leben, das Dir konveniert, ungestört weiter, die Anna das ihre – – ich das meine. Ich denke zum Beispiel nicht daran, eine der Damen selbst von der Bahn zu holen –

BARONIN Ah, Du willst das uns überlassen? Reizend von Dir!

JAROMIR Du schickst den Wagen hinaus – und bleibst vollkommen ungestört hier – indessen ich einen Spaziergang mache und mit mir und meinen Gedanken allein bin. Ich habe seit letzter Zeit, es muß das mit meinem vorgerückten Alter zu tun haben, ein ungeheures Einsamkeitsbedürfnis.

BARONIN Dann war es ein außerordentlich glücklicher Gedanke, Dir das Haus voller Gäste zu laden!

JAROMIR Man isoliert sich nie so leicht, als wenn das Haus voller Gäste ist. Ich werde jedenfalls die Vormittage durchaus unsichtbar sein.

BARONIN Du schreibst wieder?

Jaromir bejaht stumm.

BARONIN Und Du wirst es wieder drucken lassen? Amüsiert dich das so sehr?

JAROMIR Ich weiß nicht, was Du meinst. Es ist üblich, daß man geistige Erzeugnisse durch die Druckpresse verbreitet –

BARONIN Natürlich, wenn man ein Autor ist.

JAROMIR Ich weiß nicht genau, Mama, worin Du das Kriterium siehst, das mich von dieser Klasse von Menschen abtrennen würde. Für die Welt bin ich nämlich ein Autor, der meines ersten Buches. Mein Roman ist sehr anerkennend besprochen worden, er hat ein gewisses Aufsehen gemacht.

BARONIN Das Kriterium sehe ich darin, mein lieber Jaromir, daß die Berufsschriftsteller etwas erfinden, während Du, der Du eben keiner bist, und auch keiner zu sein verpflichtet bist, Dich in Deinem sogenannten Roman damit begnügt hast, Dich selber und Deine eigenen Gefühle und Ansichten zu Papier zu bringen, auf Draht gezogen mit Hilfe einiger Vorfälle aus Deiner engeren Erfahrung, die ich weder interessant noch mitteilenswürdig finde, die aber vielleicht drei- bis vierhundert Personen veranlaßt haben, das Buch zu kaufen, in der Hoffnung, in der sie dann allerdings enttäuscht worden sind, darin etwas handgreiflichere und indiskretere Details über persönliche Bekannte zu finden, als ihnen tatsächlich darin aufzustöbern gelungen ist.

JAROMIR Ich danke Dir, Mama, daß Du nicht gesagt hast – – *steht auf* noch handgreiflichere und indiskretere Details, aber ich glaube, das ist ein Thema, in dem wir nicht weiter kommen. Ich darf also noch einmal wiederholen, daß ich in Bezug auf den Aufenthalt der Damen gar keine speziellen Wünsche habe – und alles – aber alles! Deinem Gutdünken und der bewährten Umsicht und Tatkraft Deines Theodor überlasse – und um halb fünf zum Tee natürlich erscheinen werde. *Verneigt sich und geht ab über die Terrasse.*

6. SZENE

BARONIN *vor sich* Jetzt sind wir also, da die Melanie allein kommt, plötzlich sechs zum Bridge anstatt sieben. Bleibt die Wahl, ob man den Forstrat, der so laut atmet wie ein Küniglhas oder den affektierten Bezirkskommissär *ruft nach links* Theodor! *Erinnert sich, stampft auf den Boden, ruft* Milli! *Die Tür links wird halb geöffnet, Anna mit dem kleinen Jaromir treten ein.*

DER KLEINE JAROMIR *läuft hin, küßt der Baronin die Hand, sieht sich um* Wo ist denn der Onkel Ado?

BARONIN *zu Anna* Was sagst Du dazu, daß plötzlich der Galattis nicht mitkommt?

ANNA Aber Mama, das haben wir ja schon vor ein paar Tagen gewußt. Hat Dir denn der Jaromir –

BARONIN Keine Silbe. Er schien sehr erstaunt darüber.

ANNA Du mußt verzeihen, es ist seine Arbeit, er braucht ein solches Maß von Vertiefung, daß er für alle anderen Sachen zerstreut ist. Du weißt, er schreibt wieder ein Buch. Der Jaromir darf unter keiner Bedingung durch irgend etwas, was mit den Gästen zusammenhängt, belastet werden. Er hat mir erklärt: er ist, wenn er an einem Werk arbeitet, von einer einfach nicht vorstellbaren Empfindlichkeit und Verstimmbarkeit.

BARONIN Er läßt sich sehr gehen, der gute Jaromir.

ANNA Ich glaub, Mama, davon haben wir beide keine Vorstellung, was in einem solchen Phantasiemenschen vorgeht, wenn in diese innere Einsamkeit plötzlich die Menschen sich eindrängen –

DER KLEINE JAROMIR Großmama, der Theodor hat mir erlaubt, wenn er einmal krank ist, so darf ich ihn besuchen. Aber allein darf man nie in sein Zimmer gehen – es ist eine Zauberei im Zimmer, die macht, daß man eins zwei den Fuß nicht vom Boden wegkriegen kann und so stehen muß, bis der Theodor kommt und einen mit einem Sprüchel wieder los macht.

ANNA Aber Bubi, wer wird denn solchen Unsinn glauben!

7. SZENE

General kommt wieder von links.

BARONIN Also nichts ausgerichtet? Ich seh! Ich seh ja schon!

DER KLEINE JAROMIR Warst Du beim Theodor, Onkel Ado? Liegt er im Bett? Hat er ein seidenes Kappel auf?

BARONIN *ungeduldig* Also was war denn, Ado?

GENERAL Er sagt, er wäre überrascht und betroffen davon, daß Sie

Ihrerseits überrascht seien – wo Sie doch vor vierzehn Tagen seine Kündigung zur Kenntnis genommen hätten – es scheint, daß dieses Ignorieren Ihrerseits die Sache verschlimmert hat, liebe Baronin.

BARONIN Aber es muß doch eine tatsächliche Ursache haben. Er tut mir doch so etwas nicht ohne schwerwiegende Ursache – –

DER KLEINE JAROMIR Mami, darf ich jetzt zum Theodor hinaufgehen?

ANNA Ja, lauf hinauf und sag dem Theodor, daß ich zu ihm hinaufkommen und mit ihm sprechen will – in drei Minuten.

DER KLEINE JAROMIR Ja, Mami – *läuft fort.*

8. SZENE

BARONIN Du – –

GENERAL *zu Anna* Aber das ist doch unmöglich, Baronin, eine junge Frau wie Sie – er liegt schließlich im Bett –

BARONIN Lassen Sie sie, wenn sie will. Sie ist sehr in der Gnad beim Theodor. Vielleicht erreicht sie etwas.

ANNA Ich habe zwar das Gefühl, daß er mich haßt.

BARONIN Im Gegenteil! –

ANNA Er hat manchmal eine Art mich anzuschauen, als ob er mich fressen wollte.

GENERAL Glauben Sie mir, Baronin, hinter diesem Blick ist nicht so viel von Liebe oder Anhänglichkeit.

BARONIN Vielleicht haßt er uns und liebt uns zugleich.

GENERAL Zugleich?

BARONIN Abwechselnd. Ich kann mich da ganz gut hineindenken.

GENERAL Sie können sich schon wieder in dieses Subjekt hineindenken! Und mir ist alles an ihm unbegreiflich.

9. SZENE

DER KLEINE JAROMIR *schießt wie ein Pfeil zur Tür herein* Er wird gleich herunterkommen!

BARONIN Wer?

DER KLEINE JAROMIR So ist er aus dem Bett gesprungen *zeigts, indem er blitzschnell drei Treppenstufen herunterspringt* wie ich ihm gesagt hab, daß die Mama zu ihm kommen will und hat gesagt: Ich werde mich sofort anziehen und unten im Salon erscheinen, und warum er von uns weggehen will, hab ich ihn gefragt und da hat er gesagt: Das Ganze paßt ihm nicht und er wirds der Großmama schon erzählen. – Aber auf mich ist er nicht bös und wenn die Mami es erlaubt, so nimmt er mich mit auf seine Mühle und die steht mitten im Wald und auf einem großen alten Eichenbaum hoch oben ist ein Zimmerl aus Lindenholz, ganz wie ein Vogelkäfig, dort sitzen wir dann bis Mitternacht und zaubern zusammen.

BARONIN Das Ganze paßt ihm nicht! – Hat er gesagt: nicht mehr oder nicht, Bubi?

DER KLEINE JAROMIR Das weiß ich nicht mehr.

ANNA Das wird sich ja alles ganz gut aufklären und ebnen lassen. Somit bin ich hier überflüssig und küß die Hand, Mama – ich fahr auf die Station. *Geht ab mit dem kleinen Jaromir.*

10. SZENE

GENERAL *seufzt und schüttelt den Kopf* Das ist schrecklich!

BARONIN Was irritiert Sie, Ado?

GENERAL Daß es grade im Juni hat sein müssen, daß eine solche Unruhe dieses Haus erfüllt.

BARONIN *zerstreut, sie glaubt gehört zu haben, daß es klopft* Was hat es mit dem Juni zu tun?

GENERAL Amelie, es sind mehr als dreißig Jahre her, am 11. Juni – daß Sie – ich – wissen Sie wirklich dieses Datum nicht mehr?

BARONIN Ado, Sie sind ein Mathematiker mit ihren ewigen Ziffern! Mich interessieren Ziffern nicht.

GENERAL Amelie, die Zeit ist doch garnichts, wenn ich Sie so vor mir sehe – da existiert doch nichts, als daß Sie da sind! *Es klopft.*

BARONIN Herein! – Pardon, Ado, es hat geklopft.

GENERAL Es klopft immer, wenn ich ein bißchen mit Ihnen sprechen will.

11. SZENE

THEODOR *tritt ein, nicht in Livree, sondern in einem schwarzen Röckchen und dunklen Beinkleidern* Ich habe mir erlaubt anzuklopfen, weil ich heute sozusagen als wie ein Besuch meine Aufwartung mache, aber da ich sehe, daß ich unbedingt störe – *Baronin wirft einen verzweifelten Blick auf den General.*

GENERAL Aber im Gegenteil, bleiben Sie hier, lieber Theodor, und sprechen Sie sich aus. Ich werde indessen im Park patrouillieren und melde Ihnen, Baronin, wenn der erste Wagen in die Allee einbiegt. *Ab durch die Glastür.*

12. SZENE

BARONIN Sie betrachten sich also hier nicht mehr im Dienst befindlich?

THEODOR Allerdings, seit heute mittag zwölf Uhr.

BARONIN Ja, was soll denn da werden? Sie wissen doch, daß ich zu allem noch Gäste erwarte!

THEODOR *mit bedauerlicher Gebärde* Es ist mir selber sehr peinlich, aber sehr gewichtige Umstände haben mich in die Zwangslage versetzt –

BARONIN Theodor, haben diese Umstände etwas mit meiner Person zu tun?

THEODOR Euer Gnaden bitte ich nur in untertänigster Dankbarkeit die Hände küssen zu dürfen.

BARONIN Hat jemand vom Personal sich gegen Sie etwas zu schulden kommen lassen?

THEODOR Ich möchte in diesem Augenblick das Personal keiner Erwähnung wert halten!

BARONIN Sie haben sich nicht entschließen können, dem Herrn General irgendeine Andeutung zu machen – aber der Kleine hat etwas dahergeplaudert –

THEODOR Das Kind in seiner Unschuld versteht besser als durchtriebene Menschen ein Gemüt wie das meinige.

BARONIN Der Kleine hat ausgerichtet, das Ganze paßt dem Theodor nicht mehr, was soll das heißen?

THEODOR Diese Worte sind sehr schicklich, um in einer allgemeinen Art das auszudrücken, was im besonderen vielleicht peinlich sein würde.

BARONIN Ja, wie soll man da –

THEODOR Es wurde auf solche, für beide Teile peinliche Aussprache im Falle meines mir nötig erscheinenden Rücktritts im vorhinein gnädigst verzichtet, meine Gründe im vorhinein gebilligt. *Er will in die Tasche greifen.*

BARONIN Lassen Sie das stecken. Ich weiß, was ich geschrieben habe. *Schweigt und bohrt mit dem Stock auf dem Boden.*

THEODOR Dieses gnädige Handschreiben wurde an mich erlassen zu meinem fünfundzwanzigjährigen Jubiläum in diesem herrschaftlichen Hause als ein Zeichen besonderen, ungewöhnlichen Vertrauens.

BARONIN Das war meine Absicht.

THEODOR Es sollten damit die Jahre, welche ich noch in dienender Stellung zu bleiben mich entschließen würde, herausgestrichen werden als Ehrenjahre. *Mit erhobener Stimme* Wer solche Ehrenjahre abdient, müßte demgemäß vor einer Mißachtung seiner Person geschützt sein.

BARONIN Ja, wer bezeigt Ihnen denn Mißachtung? Wer untersteht sich das? Setzen Sie sich nieder, Theodor und sprechen Sie sich aus.

THEODOR *setzt sich auf den Rand des Stuhles* Es sind an mir in diesem Leben viele Ungeheuerlichkeiten begangen worden! Ich hätte bekanntlichst eine geistliche Person werden sollen, aber als eine vaterlose Waise bin ich durch Gemeinheit gemeiner Menschen in den dienenden Stand gestoßen worden.

BARONIN Ich kenne Ihre Biographie, Theodor, sie ist sehr achtenswert! Ihr Vater war ein Lump – aber Ihre Mutter – Gott hab sie selig, eine der gescheitesten Frauen auf der Welt und Sie haben ihren Verstand geerbt!

THEODOR Seine freiherrlichen Gnaden Herr Oberst ist demgemäß in meinen Armen abgestorben.

BARONIN Ja, Sie haben meinen Mann treu gepflegt.

THEODOR Der Herr Oberst hat mir in seiner letzten Lebensstunde gesagt, daß ich ihm meine Jugend aufgeopfert habe und hat mich mit Tränen in seinen sterbenden Augen beschworen, seinen Jaromir nicht im Stich zu lassen und mir den heiligen Eid abverlangt, daß ich dem jungen Herrn mein Mannesalter aufopfern werde. Denn er hat die vielen und großen Schwächen dieses Jünglings erkannt.

BARONIN Und dann haben Sie siebzehn Jahre im Dienst meines Sohnes verbracht und sich tadellos geführt. Aber endlich haben gewisse Verschiedenheiten in Ihren beiden Charakteren es wünschenswert erscheinen lassen, daß Sie aus seinem Dienst wieder in meinen treten, was mir natürlich sehr lieb war.

THEODOR Das könnte man gesellschaftlich so sagen, aber es wäre weiter nichts als eine vertuschende Redeweise. *Sehr stark, aber nicht laut* Die Wahrheit ist diese: das ganze Leben, das er geführt hat, war eine fortgesetzte Beleidigung meiner Person.

BARONIN Pst, pst, Sie sprechen von meinem Sohn!

THEODOR *stehend* Ich bitte nichts anderes als die Hände küssen und mich stillschweigend untertänigst zurückziehen zu dürfen auf immer! *Als wollte er gehen.*

BARONIN Ich wünsche aber, daß Sie bleiben, Theodor.

THEODOR Jawohl, meine Eltern haben mir in der heiligen Taufe den lieben Namen Theodor zugeeignet. – Er hat den Namen nicht geliebt. Ich bin bei ihm die Jahre hindurch Franz gerufen worden, Franz, wo ich bitte Theodor zu heißen die Ehre habe! Daran bitte ich zu erkennen, wie er die Menschenwürde in mir geachtet hat! Das Ganze war eine siebzehnjährige automatische Mißachtung.

BARONIN Aber das sind doch schließlich nur Kleinigkeiten.

THEODOR Kleinigkeiten? Für die menschliche Seele gibt es keine Kleinigkeiten, das müssen Euer Gnaden als hochgeborene und gebildete Dame wissen. Er hat vor meinen sehenden Augen ein Junggesellenleben geführt von einer beispiellosen Frivolität und eiskalten Selbstsucht.

Baronin stößt mit dem Stock.

THEODOR Sehr richtig! Sie klopfen, Sie haben recht! Ich habe es ertragen. Ich habe die Krawatte hergerichtet und Jackett oder manchmal Smoking, wenn ich gewußt habe, er geht darauf aus ein weibliches Wesen in einer nächtlichen Abendstunde mit kaltherziger Niederträchtigkeit um die Seele zu betrügen.

BARONIN Aber Theodor, Sie sind doch auch kein Heiliger!

THEODOR Ich bin kein Heiliger! Aber wenn ich eine liebende Handlung begehe, so begehe ich sie mit meinem ganzen Herzen und stehe dafür ein mit meiner ganzen Seele. Bei ihm aber ist das Gegenteil der Fall und das kann ich nicht mehr vertragen mit meinen Augen zu sehen! Und jetzt ist der Tropfen gekommen, der den Becher bringt zum Überflusse.

BARONIN Jetzt, wieso denn?

THEODOR Jetzt, wieso denn? Wenn er sich jetzt seine Maitressen paarweise herbestellt ins Haus, jetzt wo er verheiratet ist, jetzt wo er eine Aufgabe hätte im Leben, wo sie ihm zwei Kinder gespendet hat, dieser gesegnete Engel – und da ladet er sich die Betreffenden hier aufs Schloß ein, nachdem er selbst in einem Büchel, in einem sogenannten Schlüsselroman ohne einen literarischen Wert, diese ganze Geschichte mit der Marie auf den Pranger hingestellt hat.

BARONIN Ich verstehe absolut nicht, wovon Sie reden, Theodor!

THEODOR Demgemäß bitte ich Hände zu küssen und mich stillschweigend zu entfernen. *Als wollte er gehen.*

BARONIN Jedenfalls gehören diese Dinge, möge selbst etwas daran gewesen sein, längst der Vergangenheit an!

THEODOR Bei ihm gibt es keine Vergangenheit, so ist er nicht! Bei ihm ist nichts vorüber. Um etwas aufzugeben, dazu gehört eine innerliche Reinlichkeit.

Baronin stößt den Stock auf den Boden.

THEODOR Diese unglückliche Fräulein Marie, das ist ja eine Blume, die er geknickt und zertreten hat. Er ist wie eine boa constrictor: ausgesogen hat er ihr die Seele viereinhalb Jahre lang! Aber jetzt, jetzt haben wir in Erfahrung gebracht, hat sich diesem Mädchen ein anderer genähert, der, scheint es, einer wirklichen Liebe, einer Hingebung fähig ist. Das reizt ihn aufs Neue, da zieht er sie wieder herbei, damit sie seiner Herrschaft nicht entgeht und mag darüber ihre Jugend verwelken, wie ein abgemähtes Gras! Wie wagt er das vor meinen sehenden Augen? Wie darf er sich so über meine siebzehnjährige Mitwisserschaft hinwegsetzen? Bin ich sein Hehler? Sein Spießgefährte, der ihm die Mauer macht? Da tritt er ja meine Menschenwürde in den Kot hinein. Wie wagt er es, vor meinen sehenden Augen diese andere Person, dieses berüchtigte Frauenzimmer, diese Melanie hierher zu bestellen? Wie wagt er denn solche Manöver? Daß er selber das Schlafzimmer verläßt, wo dieser gütige Engel mit ihm ehelich wohnt und sich hinaufquartiert in die Mansarde, und bei hellichtem Tag den Schlosser daherkommen läßt, den Verbindungsgang herzustellen für eine nächtliche ehebrecherische Promenade, damit nur nichts klappert. Das spricht ja Hohn allen göttlichen und menschlichen Gesetzlichkeiten.

BARONIN Aber, Theodor! Theodor! *Geht auf und nieder.*

THEODOR *folgt ihr nach* Wo in mir, in meiner nichts vergessenden Herzkammer alle diese seine Weibergeschichten und Schlechtigkeiten abphotographiert sind bis in die kleinsten und niederträchtigsten Zärtlichkeiten und Meineide.

BARONIN Aber mäßigen Sie sich doch etwas!

THEODOR *tritt zurück* Ich bin müd, demgemäß sehr gemäßigt. Aber meine gekränkte Person benötigt demgemäß eine große Heilung, damit ich die männliche Erbärmlichkeit vergessen kann. Ich muß in meine einsame Heimat, auf meine abgelegne Scholle und alte, liebe Eichbäume müssen immerfort zu mir flüstern: Theodor, Du bist ein Heiliger gegen diesen! Er ist nicht wert, die Riemen Deiner staubigen Schuhe aufzulösen! Du hast ihn geschont aus Gnade, weil Du eine große Seele hast vor Deinem Herrgott!

GENERAL *erscheint auf der Terrasse* Baronin, Sie müssen empfangen, ich höre den ersten Wagen anrollen.

BARONIN Das auch noch! Gleich. Gehen Sie unterdessen – ich komme.

General ab über die Terrasse.

BARONIN Aber Theodor, es wird doch einen anderen Weg geben, irgend eine andere Form, Ihnen eine innere Genugtuung zu verschaffen. Ich werde Sie doch deswegen nicht verlieren müssen?!

THEODOR Frau Baronin, ich bin keine käufliche Seele. Eine Genugtuung, die mir in dieser Lebensstunde noch genügen sollte, die könnte sich nicht wie in früheren Fällen in der Dienstbotenatmosphäre abspielen, die dürfte nicht aus Äußerlichkeiten bestehen, die müßte auf das Große und Ganze gehen! Die müßte zeigen, wo Gott eigentlich Wohnung hat!

BARONIN Eine solche kann ich doch unmöglich verschaffen.

THEODOR Nein, die könnte mir allerdings nur ein Stärkerer schaffen als Euer Gnaden! *Lächelt.*

BARONIN An was denken Sie denn? So reden Sie doch! ich bitte Sie mit aufgehobenen Händen, so reden Sie doch!

GENERAL *erscheint* Baronin, das Fräulein von Am Rain fährt vor. *Ab.*

BARONIN Wenn es von mir abhinge, daß die Damen nicht erscheinen oder gleich wieder abreisen, würde ichs machen, aber ich kanns nicht.

THEODOR Euer Gnaden können es nicht, schön. Ich könnte es sehr leicht! Sehr leicht vielleicht nicht, aber mit einer gewissen Mühe. Die würde ich mir nehmen.

BARONIN Sie?

THEODOR Mit einem Atemzug würde ich diese zweischneidigen Techtelmechtel vor mich hinjagen wie Stäubchen.

BARONIN Ja wie denn, um Gotteswillen? Sie werden doch nicht in offener Opposition meinem Sohn entgegentreten wollen?

THEODOR Im Gegenteil. Ich würde sorgen, daß die Damen selbst in zartfühlender Weise den Herrn Baron über die Gründe ihres Verschwindens anlügen werden.

BARONIN Und eine solche Lösung, wenn sie denkbar wäre – würde Sie – Sie würden dann Ihre Kündigung zurücknehmen? –

THEODOR Die Entscheidung darüber müßte ich vorbehalten abhängig zu machen von dem Ausgang des Ganzen, ob derselbe mir in meinem Innern eine wahre und ausreichende Genugtuung bietet.

GENERAL *erscheint* Baronin, es ist die höchste Zeit, man ist schon da!

BARONIN *im Abgehen* Bleiben Sie hier!

13. SZENE

Bevor die Baronin noch hinausgetreten ist, erscheint Marie Am Rain auf der Terrasse, sie ist sehr blaß und scheint von der Reise angegriffen. Die erste Begrüßung erfolgt auf der Terrasse, dann treten die beiden Frauen herein, der General folgt ihnen. Die Jungfer ist zugleich von links hereingetreten.

MARIE *im Auftreten* Und es war unendlich gut von Ihnen, daß Sie mir erlaubt haben zu kommen, und das zu einer so schönen Jahreszeit!

BARONIN Bei uns ist die Jahreszeit nie schön, aber ich hoffe, daß Sie sich in unserem alten Kasten halbwegs gemütlich fühlen werden.

GENERAL Und Ihr guter Vater, wie gehts ihm?

MARIE *indem es wie ein Schleier über ihre Stimme fällt* Nicht sehr gut, Herr General.

GENERAL Und das ist grade ein Mann, der verdienen würde, daß es ihm gut ginge, grade der, wie kein zweiter!

MARIE Ich danke Ihnen, Herr General, daß Sie mir das sagen, das ist lieb!

BARONIN Darf ich Ihnen das Zimmerl zeigen, das die Kinder für Sie bestimmt haben, es hat eine hübsche Aussicht, das ist das Einzige. *Macht Miene mit Marie abzugehen.*

GENERAL Baronin, ich höre den zweiten Wagen anfahren. *Zu Marie* Die Baronin erwartet nämlich noch die Frau von Galattis.

MARIE *sichtlich unangenehm überrascht* Oh, dann bitte bleiben Sie doch, Baronin! Nein bitte bleiben Sie doch!

JUNGFER Darf ich das gnädige Fräulein – –

GENERAL Ich bringe Sie bis an Ihre Tür, Sie müssen mir noch mehr von Ihrem Vater sagen, das ist doch der sympathischste Mann von unserer ganzen Generation – *schon im Abgehen mit Marie* Sie können ja Gott danken, daß Sie ihn haben. *Ab.*

14. SZENE

BARONIN *zurückbleibend* Also kommen Sie her, Theodor, schnell. Sie haben mir da früher Dinge vorerzählt, ich habe einen ganz heißen Kopf bekommen! Ich habe nur so viel daraus entnommen, daß Sie unter gewissen Bedingungen, von denen ich allerdings nicht ahne, wie sie könnten erfüllt werden, bleiben würden. Ich kann nur eins sagen:

THEODOR Ich glaube von meinen Bedingungen in deutlicher Weise gesprochen zu haben. Meine Genugtuung wünsche ich zu erblicken darin, daß das ganze Gebäude von Eitelkeit und Lüge zusammenstürzen muß als eine unbegreifliche Wirkung meiner höheren Kräfte.

BARONIN Ja, aber diese Bedingung ist doch unerfüllbar!

THEODOR Ich habe deutlich gezeigt, daß sie erfüllbar ist, wenn man mir freie Hand läßt.

BARONIN Ich habe keine Ahnung, was Sie mir da vorgeredet haben.

THEODOR Mir ist diese ausweichende Redeweise der weiblichen Personen bekannt. Demgemäß werde ich mich in Ruhestand zurückziehen. *Er heftet einen durchdringenden Blick auf sie.*

BARONIN *schnell* Ich weiß nur das Eine, daß ich mit Ihnen zufrieden bin, und keinen Grund sehe, Sie zu verlieren.

THEODOR *lächelt und küßt ihr die Hand* Ich werde demgemäß meine Maßregeln einleiten. Ich bin mit beiden Weiblichkeiten sehr vertraut aus langjähriger Bekanntschaft. Diese da *er zeigt auf die Tür, durch welche Marie eben abgegangen ist* ist ein unglückliches Wesen mit einer schönen geängstigten Seele. Diese werde ich direkt anspielen. Die andere Person werde ich von der Bande anspielen.

BARONIN Von der Bande, was soll denn das heißen?

THEODOR Das sind Ausdrücke, vom Billardspiel entlehnt. Ich habe gedacht, daß sie allgemein bekannt sind. Diese Melanie ist wie die meisten Frauenzimmer dumm und gescheit zugleich. Demgemäß habe ich ausgesprochen, daß man sie indirekt oder von der Bande anspielen muß. Demgemäß habe ich schriftlich schon herausgegeben, daß diese junge Witwe, die Hermine, sich hier auf dem Schloß einfinden und aushilfsweise Damenbedienung übernehmen soll.

BARONIN Die Hermine? Ja, ich bin ganz einverstanden, aber ich habe gedacht, zwischen der und Ihnen stehts nicht ganz richtig?

THEODOR Ich hab ihr verziehen und dies in meinem Brief zu erkennen gegeben. Sie wird demgemäß heute abend glückselig erscheinen und mir blind ergeben sein. Sie ist gleichzeitig in feinerer Damenbedienung eine ausgelernte Persönlichkeit.

BARONIN Meinetwegen. Und was soll ich tun?

THEODOR In keiner Weise das allergeringste Garnichts, mit Ausnahme, mir in diskreter Weise freie Hand zu lassen.

BARONIN Ich beschwöre Sie, Theodor, ich weiß ja nicht, wo mir der Kopf steht.

THEODOR Ich bitte, jetzt keine Beschwörungen mehr anzuwenden, sondern lediglich ein einziges Wort später auszusprechen, damit jedermann in diesem Hause weiß, woran er sich zu halten hat.

BARONIN Ich sprech garnichts aus. Ich will garnichts wissen. Was für ein Wort denn?

THEODOR Euer Gnaden werden ganz einfach sagen: Und Sie lieber Theodor, übernehmen jetzt wieder die Aufsicht über das Ganze. Dies bitte ich auszusprechen, wenn das niedere Personal gegenwärtig sein wird.

BARONIN Aber ich hab doch garnichts mit Ihnen verabredet!

THEODOR Sehr wohl, demgemäß werde ich darauf bestehen, daß es wörtlich so ausgesprochen wird und in einer äußerst huldvollen Weise: Und Sie lieber Theodor, übernehmen jetzt wieder die Aufsicht über das Ganze. Es wird für mich eine geheime unterirdische Bedeutung haben, die anzuhören meinen Ohren eine schmeichelhafte Genugtuung bereiten wird. *Sieht sie scharf an.*

BARONIN Ich werd es sagen, ich werde es sagen – –

15. SZENE

GENERAL *erscheint* Die Damen –

Anna und Melanie erscheinen auf der Terrasse, hinter ihnen der Gärtner, der in der grauen Jägerlivree Melanie eine kleine Tasche nachträgt, Baronin geht ihnen entgegen, Milli, die Jungfer, ist eingetreten.

MELANIE Es ist zu gut von Ihnen, Baronin, daß Sie mir erlaubt haben, zu Ihnen zu kommen.

ANNA Sie ist ganz frei. Ihr Mann fischt Forellen und sie wird sehr lang bei uns bleiben. Ich freue mich riesig. Wir harmonieren schon wie zwei Zigeuner auf einem Pferd.

Baronin wirft unwillkürlich einen ängstlichen Blick auf Theodor. Theodor erwidert den Blick mit einem überlegenen Lächeln.

DER KLEINE JAROMIR *kommt hereingelaufen* Mami.

ANNA Das ist unser großer Bub, die Kleine zeige ich Dir dann gleich!

BARONIN Und mein Sohn, was sagen Sie zu dem ungeschickten Menschen, er wollte Ihnen entgegen. Er muß den Feldweg genommen und bei der langen Hecke den Wagen übersehen haben.

ANNA Aber, Mama, Du brauchst nicht schwindeln, sie kennt doch den Jaromir so gut, Melanie versteht alles an ihm.

BARONIN Darf ich Ihnen das Turmzimmer zeigen, wo die Kinder durchaus gewünscht haben, Sie einzuquartieren. Ich hätte Ihnen ein bequemeres Appartement zugedacht – *Gebärde, sie zum Gehen einladend.*

MELANIE *hat Theodor bemerkt* Ah, Sie sind auch da, Franz! *Nickt ihm zu.*

BARONIN *schon im Abgehen, bleibt nochmals stehen, Theodor sieht sie scharf an, unter seinem Blick sagt sie sehr nachdrücklich* Und Sie lieber Theodor, übernehmen jetzt wieder die Aufsicht über das Ganze.

Die Damen gehen ab.

General folgt, nachdem er einen sehr befriedigten Blick auf Theodor geworfen hat.

THEODOR *zum zurückbleibenden Personal* Antreten! *Kurz und schnell befehlend.*

Das Personal stellt sich auf.

THEODOR *kurz und befehlend*

Zum Kutscher Pferde abreiten!

Zum Küchenmädchen Obers schlagen!

Zur Jungfer Kerzen auf Zimmer!

Zum Koch Forellen besorgen!

Zum Gärtner Blumen auf die Zimmer!

Zur Beschließerin Verschwinden!

Alle eilen rasch ab, Theodor geht stolz ab.

Vorhang

II. AKT

Die gleiche Dekoration.

I. SZENE

Anna und der kleine Jaromir an einem Tisch links. Anna stickt.

DER KLEINE JAROMIR Mami, wirst mich in Zirkus mitnehmen? Wann? Bis die Damen abgereist sind?

ANNA Ja.

DER KLEINE JAROMIR Mami, die Damen sollen schon abreisen!

Anna stickt und antwortet nicht.

DER KLEINE JAROMIR Sind sie zu Dir oder zum Papi gekommen, die Damen? Hat der Papi sie herbestellt und haben sie kommen müssen? Mami, kann der Papi alles? Ja? Sag mir, was er nicht kann!

ANNA Sekir mich nicht!

DER KLEINE JAROMIR Sag mirs, sag mir was Einziges, was er nicht kann der Papi!

ANNA Komm her, ich werd dirs sagen!

Der kleine Jaromir läuft zu ihr.

ANNA *sieht ihm ernsthaft ins Gesicht* Eine Unwahrheit sagen, das kann der Papi nicht! *Sie stickt weiter.*

DER KLEINE JAROMIR *sieht nach hinten in den Park* Mami, da kommt der Papi mit der einen Dame, mit der, die so gut riecht!

ANNA Geh hinauf zu der Baby und schau, ob sie schon auf ist, aber leise.

DER KLEINE JAROMIR Gehst du jetzt auch hin zu der Dame?

ANNA Geh, geh.

Der kleine Jaromir läuft über die Terrasse ins Haus.

Anna geht schnell nach rechts hinüber und verschwindet.

2. SZENE

Jaromir und Melanie kommen aus dem Park.

MELANIE Hier ist jemand gesessen und bei unserem Näherkommen aufgestanden. Es war entweder die Marie Am Rain oder es war Ihre Frau. In jedem Fall ist das sehr sonderbar. Wenn man es harmlos auffaßt, daß zwei Menschen miteinander durch den Park gehen, so bleibt man sitzen, bis sie herangekommen sind.

JAROMIR Es war in gar keinem Fall die Marie, die hier gesessen und bei unserem Kommen aufgestanden ist. Es war unbedingt meine Frau.

MELANIE Warum soll es nicht Ihre Freundin Marie gewesen sein?! Ich habe das deutliche Gefühl gehabt, daß es jemand ist, der uns in einer offensichtlichen Weise aus dem Weg geht!

JAROMIR Das kann nicht die Marie gewesen sein, es ist Scirocco.

Melanie sieht ihn an.

JAROMIR Sie hat an einem solchen Morgen unfehlbar Migräne und muß bis Mittag in ihrem Zimmer bleiben.

MELANIE Es geht doch fast kein Wind.

JAROMIR Es muß kein Wind gehen. Wenn die Luft so glänzt, dann ist Scirocco. Dann sehen die Blumen und die Bäume schöner aus als je – – übrigens auch die Frauen. Das Weiße in ihren Augen hat einen ganz anderen Glanz *näher* und die Perlen an so einem Hals nehmen einen feuchten Schmelz an, der unbegreiflich ist. Man weiß nicht, sind es die Perlen, die der Haut so gut stehen oder umgekehrt! *Noch näher* Und während viele Menschen in solcher Luft abgeschlagen sind und lauter traurige Gedanken haben, erweckt diese Luft in anderen, zum Beispiel in mir, ein unbeschreibliches Wohlgefühl und ich begreife mich selber nicht, das heißt, ich begreife mich sehr gut, aber ich begreife nicht, daß es überhaupt Zeiten gibt, Wochen, Monate, wo man die Geduld hat, auf etwas zu warten, das sich in Wochen oder Monaten ereignen soll, während doch schon ein ganz unbegreifliches Maß von Geduld dazu gehört, sich zu sagen, daß man frühestens heute gegen Abend – –

MELANIE *weicht ihm aus und sieht verstohlen überall hin, ob sie nicht beobachtet werden* Ich glaube, Sie haben mich auf etwas aufmerksam gemacht und ich gehöre zu den Menschen, die diese Luft eher zu unangenehmen Gedanken bringt. Es war mir zum Beispiel gestern Abend noch ganz gleichgiltig, daß Ihre Freundin Marie wieder hier ist. Aber heute ärgert es mich, daß diese blasse Märtyrerin überall dort auftaucht, wo ich Sie treffe.

JAROMIR Daß sie voriges Jahr in Gebhartstetten war, ist ein bloßer Zufall.

MELANIE Es gibt keine Zufälle. Ich hab mir auch gestern abend noch keine Gedanken darüber gemacht, daß Sie mir auf der Veranda unter dem Vorwand, mir die Plejaden zu zeigen, zugeflüstert haben, daß Ihre arme kleine Frau bis heute nichts davon weiß, wie oft wir uns im April in Gebhartstetten getroffen haben.

JAROMIR Es ist ganz überflüssig, daß sie es erfahren sollte.

MELANIE Aber heute erscheinen mir alle diese Dinge in einem höchst unangenehmen Zusammenhang. Auf diese Art bin ich ja von der Diskretion Ihrer schmachtenden Freundin abhängig.

JAROMIR Die gute Marie hat keine Ahnung von uns beiden.

MELANIE Ich finde dieses junge Mädchen unglaublich! Hat sie nicht genug mit der Publizität, die Ihr Roman ihr gegeben hat? Will sie sich noch ein bißchen mehr kompromittieren?

JAROMIR Sie ist ein Engel an Güte! Sie ist nicht imstande, irgend etwas das von mir ausgeht, in dem häßlichen Licht zu sehen, in dem wie es scheint die Welt die Dinge sieht. Sie denkt nicht daran, in einer erfundenen, aus meiner Phantasie entsprungenen Figur sich wiederzuerkennen und ist über alles Getratsch erhaben.

MELANIE Ich aber bin leider nicht Nachtwandlerin genug, um über die ganze Welt erhaben zu sein! Ich hoffe, daß das was Sie schreiben, sich in keiner noch so entfernten Weise mit mir befaßt. Jaromir! Ich hoffe, Sie erinnern sich immer an das, was Sie mir im April in dieser Beziehung geschworen haben!

Theodor erscheint auf der Terrasse, macht sich dort zu schaffen, dann verschwindet er wieder.

Melanie durch das Erscheinen Theodors irritiert, macht eine zornige Bewegung.

JAROMIR Du bist über alle Maßen reizend, wenn Du zornig bist und es ist außerdem von einer herrlichen Vorbedeutung.

MELANIE Was heißt das?

JAROMIR Immer waren die Vormittage so, auf die dann ein besonders entzückender Abend gefolgt ist. Denk an Gebhartstetten, an das Aprilwetter, an die finstere Jagdhütte!

MELANIE Damals hab ich Angst gehabt, dich zu verlieren an diese unverschämte Amerikanerin, und zugleich Angst vor meinem Mann!

JAROMIR Ganz verfahrene Situationen sind deine Stärke! Dann wirst Du absolut wunderbar. Deine Augen werden größer, deine Lippen verwandeln sich, deine Hände, dein Gesicht! Wer dich so nicht gesehen hat, hat keine Ahnung wer du bist!

MELANIE Schwör mir, daß du damals nichts notiert hast!

JAROMIR Damals, in diesen himmlischen Minuten? Bist du denn närrisch, mein Schatz?

MELANIE Aber du könntest etwas notieren, du wärst es imstande, für einen Roman, eine Novelle!

JAROMIR Aber nein, niemals!

MELANIE Ach!

JAROMIR Was hast du?

MELANIE Dort hinter der Glastür, der Franz schaut auf uns!

JAROMIR Soll er, er hat uns oft genug miteinander gesehen!

MELANIE Warum geht Ihr Diener Franz immer dort hin und her? Früher hab ich ihn dort drüben im Gebüsch gesehen.

JAROMIR Mein Gott, er wird halt irgend etwas zu tun haben.

MELANIE Ich kenne ihn zu gut, Ihren Franz, er hat nie etwas Harmloses zu tun, dazu war er zu lange in Ihren Diensten. Er ängstigt mich, er weiß zu viel von mir. Schicken Sie ihn für ein paar Tage fort von hier.

JAROMIR Das kann ich nicht. Er ist garnicht mehr mein Diener, sondern der meiner Mutter.

MELANIE Haben Sie gesehen, wie er jetzt auf mich herschaut? Ich fühle, er legt mir einen Hinterhalt und ich werde ihm sicher hineinfallen. Ich habe heute Nacht von ihm geträumt, ich weiß nicht mehr was, aber etwas Unangenehmes. Er ist zu sehr verknüpft mit allem Aufregenden, das ich um Ihretwillen erlebt habe. Ich sehe überhaupt nur mehr ihn, wenn ich mich an Sie erinnere.

JAROMIR Ich danke Ihnen sehr.

3. SZENE

Hermine mit einer Schreibmappe und einem Fußpolster tritt aus dem Haus auf die Terrasse. Theodor beobachtet sie streng, sozusagen dienstlich. Hermine wird unter seinem Blick langsamer und tritt dann etwas unschlüssig die Stufen herunter, sie schickt sich an, die Schreibsachen auf den Gartentisch links zu legen.

MELANIE Ah, da sind meine Schreibsachen, auf die ich gewartet habe. Ich danke Ihnen, meine Liebe.

Theodor macht Hermine ein Zeichen, daß sie den Fußpolster nicht richtig gelegt habe, Hermine gerät in Verwirrung, Theodor eilt hin, richtet den Fußpolster anders und winkt Hermine abzutreten.

MELANIE *tut einen Schritt gegen den Tisch* Ich habe sehr das Bedürfnis, der Tinka einen langen Brief zu schreiben. Sie wissen doch, Baron Jaromir, *absichtlich laut* daß die Tinka Neuwall jetzt meine beste Freundin ist.

Hermine ist über die Terrasse abgegangen, Theodor hat das Schreibzeug auf dem Tisch geordnet, sich überzeugt, daß Fließpapier in der Mappe ist und zieht sich jetzt diskret zurück über die Terrasse.

MELANIE *nachdem sie sich überzeugt hat, daß sie jetzt wieder allein sind, in einem anderen Ton* Wirklich, ich möchte ihr gerne einen Brief schreiben, in dem ich ihr sage, daß ich zwar gerne hier bin und wir uns oft und gemütlich sehen, daß es uns aber entgegen ihren, Tinkas pessimistischen Voraussagungen ganz leicht wird, einen freundschaftlichen Verkehr in den Formen durchzuführen, deren Einhaltung ein Gebot der primitivsten Selbstachtung und Vorsicht ist.

JAROMIR Schreib diesen Brief, schreib ihn unbedingt. – *Leiser* Aber zuerst komm daher.

Melanie tritt unwillkürlich ihm näher.

JAROMIR Schau dort hinauf! *Zeigt nach oben links.*

Melanie schaut hinauf.

JAROMIR *dicht bei ihr, aber ohne sie zu berühren* Siehst du dort droben das Fenster mit dem kleinen Balkon?

MELANIE Ist das das meinige?

JAROMIR Das ist das deinige und dort drüben die Mansarde, dort, das ist das meinige; und der kleine Weg zwischen beiden dort – dort, wo etwas Weißes liegt, jetzt hebts der Wind auf, ein Blatt Papier ist es, dort dicht unter der Turmwand, hart überm Rand der Dachrinne, dort ist der Weg, den ich heute Nacht, wenn alle schlafen, zu dir komme!

MELANIE Schwör mir, daß du nie etwas von mir in einem Roman bringen wirst. Oder es ist wirklich aus zwischen uns!

JAROMIR Was für Ideen Du dir in den Kopf setzt! *Er faßt sie beim Handgelenk und will sie an sich ziehen.*

MELANIE *den Kopf von ihm weggebogen, macht sich mit einem Ruck los, fährt zugleich mit beiden Händen an ihren Hals und ruft* Meine Perlen! Mein Gott, gerissen!

JAROMIR Was ist denn?

MELANIE *die gerissene Schnur mit beiden Händen haltend* Gerissen! Und ich hab sie erst vor zwei Wochen fassen lassen. Gehen Sie weg! Bleiben Sie stehen, keinen Schritt, Sie können auf eine treten! *Sie geht zum Tisch und legt vorsichtig die gerissene Schnur ab und fängt angstvoll an zu zählen.*

JAROMIR Haben Sie alle?

MELANIE *zählend* Das weiß ich doch noch nicht: dreizehn, vierzehn, sechzehn, achtzehn, *zu Jaromir* so gehen Sie doch fort von mir! Sehen Sie denn nicht dort drüben bei der großen Linde Ihre Mutter und den alten General, die wahrscheinlich schon alles gesehen haben, *zählt* sechsundzwanzig, achtundzwanzig, neunundzwanzig, *zu Jaromir* so gehen Sie doch schon und sagen Sie Ihrer Mutter guten Morgen, vierunddreißig — waren es vierunddreißig? Jetzt hab ich mich verzählt, mein Gott! *Zu Jaromir* So gehen Sie doch schon!

Jaromir ist leise mit vorsichtigen Tritten, auf den Boden schauend abgegangen.

MELANIE Das auch noch, so alte Leute sind so entsetzlich weitsichtig! *Zählt* Zehn, elf – das ist doch ein solches Unglückszeichen, da bleibt einem doch vernünftigerweise nichts übrig als sofort abzureisen. *Zählt leise weiter.*

4. SZENE

Theodor ist plötzlich erschienen.

MELANIE *zählt zu Ende* Siebenundfünfzig, achtundfünfzig, neunundfünfzig! –

THEODOR Neunundfünfzig waren es schon immer, es ist demgemäß alles in Ordnung!

MELANIE *erschrickt über seine plötzliche Nähe* Haben Sie je meine Perlen in der Hand gehabt?

THEODOR In der Hand nicht, aber am Hals hab ich sie gezählt, ich habe sehr gute Augen, unsereins muß manchmal in unbeachteter Haltung warten und da sucht man sich eine Beschäftigung.

Melanie ordnet etwas an ihrem Kleid.

THEODOR Auch ich habe wahrgenommen, daß die Kleider nicht ordentlich gepackt waren, ich habe demgemäß der dienenden Person Befehle gegeben, die Toiletten ordentlich zu bügeln und instand zu setzen!

MELANIE Ich danke Ihnen, Franz.

THEODOR Das ist meine Schuldigkeit. Ferner wäre dieses: Euer Gnaden haben, höre ich, befohlen, daß die Koffer auf den Boden geschafft werden. Es wäre allerdings für einen längeren Aufenthalt das Richtige. Im anderen Falle wäre es vielleicht ratsamer, die Koffer ganz in der Nähe zu haben.

MELANIE *unsicher* Ich habe die Absicht gehabt, eine Woche oder zehn Tage hier zu bleiben.

THEODOR *mit einem eigentümlichen Lächeln* Wenn Euer Gnaden allem zum Trotz diese Absicht werden durchführen wollen – –

MELANIE Was meinen Sie mit »allem zum Trotz«?

THEODOR Ich meine die Unbequemlichkeiten, denen eine unbegleitete Dame in einem fremden Hause ausgesetzt ist!

MELANIE Was wollen Sie damit sagen? Was für Unbequemlichkeiten?

THEODOR *immer mit dem gleichen ominösen Lächeln* Beispielsweise die Dachreparatur am heutigen Nachmittag. Wie sollen sich da Euer Gnaden in gebührender Weise zurückziehen, wie Siesta abhalten wenn da gehämmert wird, unmittelbar unter dem Fenster. Das sind sehr peinliche Sachen.

MELANIE Das Dach wird repariert?

THEODOR *wieder mit diesem Lächeln* Natürlich, man könnte es noch aufschieben, aber wenn beispielsweise heute Nacht ein Wind käme, da sind solche Gitterteile aus Blech, die klappern, daß kein Mensch ein Auge zumachen kann da droben. Und gerade da zwischen Euer Gnaden ihrem Fenster und Herrn Baron seinem nächtlichen Arbeitszimmer. Freilich, wenn kein Wind ist, da müßte schon gerade jemand herumlaufen, bereits wie eine Somnambule, damit es zu einem Klappern käme. Aber wer sollte bei uns solche Exkursionen unternehmen? Wer, frage ich? *Er sieht Melanie scharf an, dann abspringend* Aber es ist bei uns eben sehr windig. Da droben ist eine Zugluft, bereits wie auf einem Berggipfel. Ich bitte nur gütigst zu sehen, da fliegen ja etliche Papierbogen gerade herum wie die Hexen. Das ist mir sehr peinlich, daß ich das wahrnehme. Das könnten nämlich sehr gut lose Blätter aus dem Herrn Baron seinem Tagebuch sein – diese sogenannten Notizblätter, aus denen er dann seine Romane zusammensetzt. Da bin ich sehr aufgeregt, denn das sind große Diskretionssachen. Er nennt nämlich in diesen Notizen immer alles sehr stark beim Namen, das darf in keine gemeinen Hände fallen!

MELANIE Wo sehen Sie solche gräßlichen Blätter herumfliegen?

THEODOR Da droben! Aber da können Euer Gnaden nicht wissen, wie mich das aufregt. Für Euer Gnaden hat das keine Bedeutung, ob so was in unrechte Hände kommt, aber für mich, der ich in diesem Haus die Verantwortung trage für alles – –

MELANIE So gehen Sie doch, laufen Sie hinauf und bringen Sie diese Blätter auf die Seite. Da sehen Sie nur, jetzt trägt der Wind eins davon. Da hängts an der Dachrinne. Das ist ja – ich geh mit Ihnen, ich helfe Ihnen.

THEODOR *bemerkt den General, der im Hintergrunde erschienen ist* Ich werde gleich hinaufeilen. Aber Euer Gnaden werden begrüßt vom Herrn General. Bitte sich demgemäß umzudrehen.

5. SZENE

General mit einem Strohhut, grüßt, bleibt im Hintergrund auf einer Stufe der Terrasse stehen.
Melanie geht zu ihm nach einem Moment der Verlegenheit und einem verzweifelten Blick nach dem Dach hin.

GENERAL Die Baronin wünscht, Ihnen ihre Lieblingsbäume zu zeigen! *Mit Melanie ab.*
Theodor sieht ihnen nach, schaut dann mit befriedigtem Ausdruck nach oben in der früheren Richtung. Ab.

6. SZENE

Marie tritt links aus dem Haus und hält ein Buch unterm Arm.
Anna ist im gleichen Augenblick aus der Orangerie herausgetreten. Beide erschrecken und haben eine gewisse Mühe, unbefangen zu erscheinen. Anna ist blaß und verändert.

MARIE Oh, Sie sinds! Man sieht so schlecht gegen die Sonne. Ich habe geglaubt, das ist die Melanie Galattis.

ANNA Das war auch meine Idee, wie ich Schritte und ein Kleid gehört habe. Ich war darin und hab etwas gesucht. – Die Kinder haben einen Ball verworfen!

MARIE So werde ich Ihnen suchen helfen – *Kleine verlegene Pause.* Sie sind hier gesessen, ich sehe, daß Ihre Sachen da liegen. Darf ich mich ein bißchen zu Ihnen setzen?

ANNA Ich seh Ihnen doch an, daß Sie haben wollen allein sein mit Ihrem Buch, nein?

MARIE *lächelnd* Gar nicht! Setzen wir uns her!

ANNA Aber dann nicht hierher. *Zögernd* Das sind der Melanie Galattis ihre Schreibsachen!

MARIE *tritt schnell weg vom Tisch* Oh, dann nicht!

ANNA Ah, dann sind Sie garnicht so intime Freundinnen?

MARIE Ich habe keine intime Freundin. *Ihre Miene hat sich verändert.*

ANNA *schnell und zart* Sie brauchen mir nichts zu sagen, ich weiß, Sie haben Ihren Vater! Mein Vater war auch mein bester Freund, er hat mich dem Jaromir gegeben.

MARIE *sieht sie freundlich an und lächelt traurig* So?

ANNA Nein, Sie sind nicht zu fürchten!

MARIE *sieht sie groß an* Ich, ach mein Gott! *Beide lachen.*

ANNA *wirft einen Blick nach hinten in den Park* Da kommt die Melanie, ich muß ihr guten Morgen sagen.

STIMME DES KLEINEN JAROMIR Mami, so komm doch schon!

ANNA Und da rufen mich auch meine Kinder.

MARIE Zeigen Sie mir Ihre Kinder.

ANNA Also gehen wir schnell hinein!

MARIE Ja, schnell. *Sie verschwinden links ins Haus.*

Hermine kommt über die Terrasse heran, sie scheint Melanie zu suchen.

Theodor erscheint, tut, als bemerke er Hermine nicht.

HERMINE Herr Theodor, sind die gnädige Frau nicht mehr hier?

Theodor beachtet sie nicht.

HERMINE Sind die gnädige Frau vielleicht auf ihr Zimmer gegangen?

Theodor vertieft sich in die Betrachtung eines blühenden Strauches.

HERMINE *etwas unsicher* Herr Theodor –

THEODOR *als bemerke er sie erst jetzt* Ah, Sie wagen sich hierher? Sie riskieren, mir unter meine Augen zu gehen?

HERMINE *näher bei ihm* Ich hab geglaubt, daß du jetzt wieder gut bist auf mich.

THEODOR Wieso haben Sie das geglaubt?

HERMINE Du hast doch oben im Zimmer ganz freundlich auf mich geredet!

THEODOR *geringschätzig* Ich habe dienstlich an Sie die nötigen Worte gerichtet und damit war basta. Das lassen Sie sich gesagt sein, Sie Hermine. Mit meiner Empfindung spaßt man nicht.

HERMINE Ich hab halt geglaubt, wie du mir geschrieben hast, ich soll wiederkommen aufs Schloß, daß damit zwischen uns alles wieder so ist wie früher.

Theodor macht sich mit den Pflanzen zu schaffen, ordnet den Tisch und tut, als wäre er allein.

HERMINE *zornig und dem Weinen nahe* So darfst du mit mir nicht umgehen!

THEODOR *blitzschnell* Ich habe etwas von Nicht-dürfen vernommen. *Näher bei ihr mit einem erschreckenden Blick* Wer darf hier dürfen? Aber halt, was seh ich denn da fliegen? Diese Papiere da, das kommt doch von dort droben, von den Zimmern, die Ihnen anvertraut sind!

HERMINE Das sind gewiß die Papiere, die auf dem Schreibtisch gelegen sind.

THEODOR Auf was für einem Schreibtisch?

HERMINE Ich glaub, dem Herrn Baron seinen Schreibtisch, den wir miteinander abgestaubt haben.

THEODOR *empört* Was, miteinander, miteinander! *Scharf* Sie haben abgestaubt und ich habe beaufsichtigt! – *Leiser* Und da stehst du so ruhig? davon redest du so bagatellmäßig? Ja, auf wen fällt denn das zurück?

HERMINE Aber ich hab doch gesagt, hier ist so eine Zugluft, da werden gewiß die Schreibereien beim Fenster hinausfliegen, und darauf hast du das zweite Fenster noch aufgemacht!

THEODOR Was, du schaust ja aus wie eine die ausschaut, als wenn sie mir ins Gesicht eine Frechheit behaupten wollte. Ich hätte den Schwerstein weggelegt, das behauptest du? Das bringst du aus deinem Mund heraus?

HERMINE Kein Wort hab ich vom Schwerstein gesagt! Den können Sie weggelegt haben oder nicht weggelegt haben oder nicht weggelegt haben oder doch weggelegt!

THEODOR *sehr drohend* Ich kann den Schwerstein weggelegt haben, das, das wagst du mir ins Gesicht zu flüstern?!

HERMINE Sie verdrehen ja einem das Wort im Mund!

THEODOR Ich verdrehe? Da! *Es fliegen hinten noch einige Blätter schief durch die Luft.* Ja, so rühren Sie sich! Ihnen anvertraute Sachen fliegen zwischen Himmel und Erde herum!

Hermine hascht einige der Blätter.

THEODOR Dort liegt noch eins! Bewegen Sie sich ein bißchen flinker. Es geht jetzt um etwas anderes als um eine Schlosserliebschaft.

Hermine bückt sich.

THEODOR Und jetzt hinauf damit! Aber halt! Wissen Sie denn auf welchen Schreibtisch diese Sachen gehören?

HERMINE Ja, am Herrn Baron seinen!

THEODOR So, und wissen Sie nicht, ob nicht Korrespondenzen von der Dame darunter sind? Auch dieses Fenster steht nämlich offen und bei der Unordentlichkeit, mit der Sie Schreibsachen aufräumen, können sehr wohl aus dem Fenster der Dame Papiere ausgeflogen sein. Da müssen Sie sich sehr in acht nehmen.

HERMINE *zornig und dem Weinen nahe* Ja, was soll ich denn jetzt tun mit die Fetzen?

THEODOR Was, Fetzen? Sprechen Sie zu mir in einer ordentlichen dienstlichen Haltung. Benehmen Sie sich, gehen Sie ein bißchen in sich!

HERMINE *weint* Du redest ja, als wenn ich Dir eine fremde Person wäre.

THEODOR *wild* Schluß, Schlosserliebchen! Du bist für mich abgeschlossen. Zu einer Herrschaftsbedienung unter meiner Aufsicht gehört eben etwas anderes als wie eine Liebschaft mit einem ordinären, notorischen Schlosser! Also, jetzt bringen Sie die Sache in Ordnung! Es wäre gescheiter für Sie, es wüßte niemand, daß so diskrete Schriftsachen in Ihrer Hand gewesen sind. Legen Sie es in eine Mappe. Je schneller Sie so etwas aus den Fingern kriegen, desto besser ist es, das rate ich Ihnen im Guten!... Aber nicht hierher, aufs Zimmer! *Er spricht die letzten Worte von der Terrasse und verschwindet dann blitzschnell ins Haus* Sie Infusorie! *Ab.*

Vorhang

III. AKT

1. SZENE

Dekoration wie im I. und II. Akt.
Marie sitzt in der Laube und verbirgt, da sie Schritte hört, ein Blatt Papier, worauf sie mit einer Füllfeder geschrieben hat, in einem Buch. Dann steht sie auf und verschwindet nach rechts.
Anna kommt mit dem kleinen Jaromir die Treppe herunter.

DER KLEINE JAROMIR Mami, wann wirst du mich in den Zirkus mitnehmen?
Anna gibt keine Antwort.
DER KLEINE JAROMIR Wer hat dem Elefanten alles angeschafft, was er tun muß? Sein Wärter? Sag Mami, darf der ihm alles anschaffen? Warum, weil er ihn dressiert hat?
Anna nickt zerstreut vor sich hin.
DER KLEINE JAROMIR Gelt, Mami.
ANNA Ja.
DER KLEINE JAROMIR Und dir darf der Papi alles anschaffen? Hat er dich auch dressiert?
ANNA *rüttelt sich auf* Geh sei still, Bubi!
DER KLEINE JAROMIR Mami, da sitzt die Marie und liest!
ANNA Komm, Bubi!
DER KLEINE JAROMIR *im Abgehen* Mami, wann wirst du mich in den Zirkus mitnehmen und auf dem Elefanten reiten lassen?
Sind nach links abgegangen.

2. SZENE

MARIE *kommt wieder, setzt sich auf ihren früheren Platz. Sie nimmt das Blatt Papier wieder hervor und will weiterschreiben, läßts wieder sein. Sie sieht nach ihrer Armbanduhr, sieht auf, vom*

Warten gequält, späht nach oben ins Haus Jetzt werd ich bis zwanzig zählen – und dann wird er bei mir sein. *Sie schließt die Augen – eine Pause – schlägt die Augen wieder auf, ringt die Hände, flüstert vor sich hin* Ich hätte nicht hierherkommen dürfen, ich hätte nicht hierherkommen dürfen!

3. SZENE

Theodor kommt lautlos die Treppe herab und geht leise und schnell vor sich hin.

MARIE *erschrickt* Sie, Franz? *Faßt sich* Haben Sie etwas für mich?
THEODOR Habe ich Sie erschreckt? Oh, da bitte ich Euer Gnaden um Verzeihung.
MARIE Ich habe geglaubt, ein Brief, eine Nachricht für mich! Ich weiß nicht, ich bin erschrocken.
THEODOR Das kann ich begreifen, Sie haben durch seine Briefe sehr viel ausgestanden, und ich war der Überbringer! Schon mein Gesicht muß Ihnen unangenehm sein.
MARIE *ängstlich* Franz, haben Sie einen Auftrag an mich –?
THEODOR Meinen vielleicht wieder einen solchen wie am 17. April vor fünf Jahren wo Sie in meine Arme hineingefallen sind bereits wie eine Tote? *Nach einer Pause* Nein. Aber – ich erlaube mir zu bemerken: Euer Gnaden hätten nicht hierherkommen sollen.
MARIE *vor sich* Da liegt der Brief, in dem ich es ausspreche.
THEODOR Sie müssen dem Herrn Vater Aufregungen ersparen. Ich habe ihn in der Stadt gehen sehen, so vor ein paar Wochen. – – Ich verstehe mich auf Gesichter. – –
Marie nickt.
THEODOR Soll das Spiel vielleicht von neuem angehen, nach einer bereits fünfjährigen Pause? – – Der Anfang war doch bereits genau so. Ich erlaube mir zu erinnern: er hat Sie wollen einem anderen abjagen, der sehr große Liebe für Sie gehabt hat! Sie sind in ahnungsvoller Angst vor ihm geflüchtet! *Leise aber sehr entschieden* Ich habe Ihre Spur gefunden und ihm Nase darauf geführt

und er mit seiner Zungenfertigkeit ohne Herz und ohne Seele hat Sie beredet und erstes folgenschweres Wiedersehen durchgesetzt!

Marie seufzt.

THEODOR Damals war es nicht möglich – – aber heute ist es möglich, Ihnen einen Rettungsanker zu überreichen. – – Sie sind mit einem schlechten Gewissen gekommen. Mit einer Unwahrheit gegen Ihren Herrn Vater!

MARIE Franz, was erlauben Sie sich denn!

THEODOR *zieht schnell einen Brief aus der Tasche, aus einer anderen eine kleine silberne Platte und übergibt ihr den Brief am Ende des folgenden Satzes* Ich entnehme das, indem der Herr Vater seinen täglich pünktlich besorgten Brief auf einem Umweg schickt! Haben ihm Adresse angegeben wo bis gestern waren, dieser Ausflug hierher ist ihm unbekannt geblieben!

Marie ist aufgestanden.

THEODOR Oh – – also der Vater sitzt jetzt zu Hause – und sein kränkliches Herz, das weiß ich doch, ist angefüllt mit Sorge um sein einziges Kind. Da denkt er sich jetzt die freundliche Zukunft von seiner verräterischen Tochter aus, als Gemahlin eines rechtschaffenen Menschen, wenn er einmal nicht mehr da sein wird. Ist das vielleicht eine Kleinigkeit, ein Vater, der dort sitzt an einem Fensterplatz, wo er vielleicht nicht mehr lange sitzen wird – – und hinausschaut durchs Vorgartl auf die Straße – – ob vielleicht eine gewisse Fräulein schon bald nachhause kommt, die sein Alles ist? Aber diese Dame ist auf Abwegen befindlich und Vater schaut sich umsonst die Augen aus –

Marie steckt den Brief zu sich, rafft ihre Sachen zusammen.

THEODOR Ja, ja wirklich! Sie müssen fortgehen! Aber nicht nur von dieser Terrasse, den ganzen Aufenthalt müssen Sie abbrechen – – augenblicklich!

MARIE Ja. Ich habe ohnehin fortwollen. Ich werde alles – – – schreiben.

THEODOR Ah, Briefel, damit er wieder Briefel schreibt! O nein! Ohne Briefel! Sie sind doch keine Madame Melanie! Er kann ja nicht leben, scheint es, wenn er nicht zwischen Ihnen beiden abwechselt. Dieses doppelte Gespiel hat ja einen ausprobierten Reiz für ihn.

MARIE *mit der letzten Kraft* Das ist eine boshafte Lüge! Ein Zufall, an dem ich schuld bin! Daß diese Dame und ich gleichzeitig hier sind!

THEODOR *lächelnd* Oh, Sie sind ein guter, auf sich nehmender Engel. *Leiser* Er ist doch Ihr Feind! Hat er Sie nicht an Gott und der Welt verzweifeln gemacht? Sagen Sie es!

MARIE Woher wissen Sie diese Dinge?

THEODOR Das wird schwer zu wissen sein! Er wird jetzt kommen. Treten Sie vor ihn hin und machen Sie sich frei von ihm auf ewig. Sagen Sie ihm, daß Sie abgerufen sind, Ihr Herr Vater ist weniger wohl, werden Sie sagen! Es ist telefoniert worden, werden Sie sagen, und ich habe soeben Ihnen diese Nachricht gemeldet!

MARIE Was wird er sagen, wenn ich plötzlich wieder abreise?

THEODOR Was immer er sagen wird, es wird keine Wahrheit sein!

MARIE Ich kann ihm nicht weh tun!

THEODOR *leise aber eindringlich* Aber dem Vater, ja! *Er geht über die Stufen auf die Terrasse, kurz* Also demgemäß Abreise neun Uhr fünfzehn und einpacken! *Er verneigt sich, geht schnell ab.*

4. SZENE

Jaromir tritt auf, einen Fliederzweig in der Hand.

MARIE *schnell, allem was er sagen könnte zuvorkommend* Ich muß fort! Heute noch! *Etwas unsicherer im Ton, hastig* Mein Vater ist weniger wohl.

JAROMIR Sie haben eine Nachricht? Wann? Durch wen?

MARIE *mühsam* Ihr Diener Franz! Es ist telefoniert worden.

JAROMIR Marie?

MARIE *hat ihre Sachen im Arm* Ich will fort! Ich muß fort!

JAROMIR Marie!

MARIE Nicht heftig sein, Jaromir! Nicht mir verderben diesen einen schönen letzten Tag! – Ich war hier. Ich habe diese Luft geatmet, Ihre Kinder gesehen. Ich habe in Ihrem Hause gewohnt, bin in Ihrem Garten gesessen!

JAROMIR *näher* Marie! Du hast mich noch lieb. Sonst wärest Du nicht gekommen! Du kannst nicht aufhören, zu mir zu gehören!

MARIE *ohne ihn anzusehen* Ich will fort! Ich muß fort!

JAROMIR Oh! Du bist eifersüchtig!

Marie schüttelt mit schmerzlichem Lächeln den Kopf.

JAROMIR Auf die Melanie? – Dir zu lieb hab ich sie eingeladen, Dir zu lieb! – Ich weiß, in Dir sitzt diese Angst, daß Du mich belasten könntest! Du willst meinen Tag nicht ganz! – Für dich habe ich das alles so eingeteilt und jetzt willst du mich im Stich lassen!

MARIE Ich habe es vor meinem Vater verheimlicht, vor allen Menschen gelogen! Ich muß fort! *Sie tritt eine Stufe höher.*

JAROMIR Bist du eine Egoistin geworden? Du, Marie? Du weißt doch bis zu welchem Grade, Marie, ich mich einfach selbst verlier, wenn mich nur der Verdacht anweht, daß das Leben – der unbeschreibliche, unbegreifliche Fonds der Existenz selbst – daß das mir versagen könnte! Begreifst du denn nicht, daß du mich nicht im Stich lassen darfst?

MARIE *auf der obersten Stufe* Was Sie brauchen wird Ihre Frau Ihnen geben – – Ihre Kinder... Aber ich muß fort.

JAROMIR Das sind Ausflüchte! Sprechen wir nicht von mir, sprechen wir endlich von dir. Was war denn der Inhalt deiner Existenz?

MARIE *schon weggewandt* Ja, ja, aber ich muß fort!

JAROMIR Du bist auf meine Frau eifersüchtig! Ist es möglich?

MARIE Ich segne Ihre Ehe. Ich segne alles, was Sie umgibt – wenn Sie mich nicht hindern fortzugehen. Mögen Ihre Kinder lieben und geliebt werden!

JAROMIR *der fühlt, daß er sie verloren geben muß* Marie!

MARIE Geben Sie Ihrer Frau alles, was Sie zu geben vermögen. – Mir nichts mehr. Kein Wort! Keinen Brief!

JAROMIR Marie, mit was für Augen schaust du denn auf mich!

MARIE *schon im Verschwinden* Adieu! für immer, Adieu!

5. SZENE

Theodor erscheint wieder, kommt über die Treppe.

JAROMIR *ratlos* Das Fräulein Marie will plötzlich abreisen. Sie ist ganz verstört durch eine Nachricht!

THEODOR Sehr wohl! Ich habe schon demgemäß im Stall angeordnet. *Er sieht sich um, ob die Marie wirklich fort ist* Ich habe befohlen, Blumen in den Wagen zu legen, ein großes Bukett dunkelroter Rosen, so wie in früheren Zeiten – *sieht sich um* ah, da hat sie ihre kleine Tasche vergessen! *Geht hin.*

JAROMIR *spricht für sich* Man bildet sich ein von einer zu wissen, daß sie auch in der letzten Faser ihres Herzens keine Egoistin ist und einen nicht jeder Regung ihrer Laune, oder ihrer schlechten Nerven aufopfert!

THEODOR *rechts, indem er das Täschchen hält, für sich* In seiner ganzen Verlassenheit und Schwäche hat so ein Mädchen doch so eine heldenmütige Stärke –

JAROMIR *ebenso* und irgend ein zufälliger Anstoß kommt und belehrt uns eines Besseren!

THEODOR *ebenso* Da müßte man doch, wenn man ein Herz im Leibe hätte, jeden Seufzer und jede Träne sammeln in einem Körbchen aus Birkenrinde!

JAROMIR *zu Theodor, in einem anderen Ton* Den Wagen haben Sie bestellt? Ja, warum denn alles so überstürzt? Warum denn alles in der Mama ihrem militärischen Tempo? Franz! Vielleicht wird doch das Fräulein ihre Abreise noch verschieben.

THEODOR *fast, wie wenn er allein wäre* Die bleibt nicht mehr hier! Die habe ich demgemäß direkt in Gang gebracht!

JAROMIR Wie, was sagen Sie?

THEODOR *nimmt sich zusammen, kann aber seinen Triumph nicht ganz unterdrücken* Ich habe demgemäß die Abreise anbefohlen, wollt ich sagen, direkt im Stall anbefohlen, weil keine Aussicht war, die gnädige Fräulein durch meine noch so inständigen Zureden zurückzuhalten... *geht schnell ins Haus ab mit dem Täschchen.*

JAROMIR Darüber könnte man melancholisch werden! *Ab.*

6. SZENE

MELANIE *erscheint auf der Terrasse. Sie geht über die Stufen rechts* *Franz!*

Theodor erscheint.

MELANIE Franz!

THEODOR Sehr wohl!

MELANIE Ich habe Sie hergerufen, weil Sie der einzige hier vom Personal sind, der mich kennt und den ich kenne!

THEODOR Sehr wohl!

MELANIE Ich fühle mich nicht ganz wohl, aber ich wünsche nicht, daß zu den Herrschaften darüber gesprochen wird!

THEODOR Befehlen, daß in der Stille Abreise vorbereitet wird?

MELANIE Das ist gewiß nicht notwendig! Es ist ein Zustand, der wechselt!

THEODOR Befehlen, daß Doktor geholt wird?

MELANIE Nein, ich möchte nur für alle Fälle meine Jungfer hier haben, verstehen Sie mich? Trachten Sie eine Verbindung mit Waidsee zu bekommen, ich werde selbst sprechen.

THEODOR Verbindung kommt gewöhnlich, während Herrschaften bei Tisch sind; dürfte ich vielleicht um Auftrag bitten?

MELANIE Sie soll herkommen! Mit dem Nachmittagszug oder per Auto, wie immer. Ich will, daß sie um elf Uhr abends spätestens hier ist!

THEODOR Ich werde mit allem Nachdruck so ausrichten.

MELANIE Ich danke Ihnen. Da ist eine Kleinigkeit für Ihre Mühe. *Sie reicht ihm eine zusammengefaltete Banknote, die sie aus einem Seitenfach der Mappe zieht.*

Theodor nimmt das Geld indem er sich verneigt und macht Miene abzutreten.

MELANIE Noch etwas!

THEODOR Befehlen?

MELANIE Es könnte sein, daß mir gegen Abend besser ist! Dann kann die Jungfer irgendwo im Hause untergebracht werden. Aber es könnte sehr leicht sein, daß mir ängstlich ist, verstehen Sie mich?

THEODOR In diesem Falle müßte man im Toilettenzimmer neben Euer Gnaden eine Ottomane aufstellen.

MELANIE Sehr gut! Aber ich möchte nicht, daß im Hause davon herumgeredet wird. Es ist ja für alle anderen uninteressant.

THEODOR Ich werde alles persönlich in der Stille besorgen!

Melanie nickt ihm zu und geht über die Terrasse ins Haus.

THEODOR O, nein, meine liebe Melanie, die Jungfer wird nicht herkommen, sondern du wirst abreisen, heute abend! So eine wie du, die werde ich doch noch mürbe kriegen! Du bist doch eine Gewöhnlichkeit! Dich schmeiß ich doch um mit dem ersten Anblasen! *Er fährt nach seiner Westentasche* Ah, da habe ich ja Fieberthermometer bei der Hand, da kann ich deine Temperatur ablesen. *Er hält die Banknote in der noch geschlossenen Hand empor, als wollte er zwischen den Fingern hineinblinzeln* Kenn ich dich vielleicht nicht? Für gewöhnlich bist du eine gewöhnliche Personnage, aber wenn du eine Angst kriegst, dann schmeißt du um mit dem Geld, damit du dich herausziehst. Da werden wir sehen. Ist es nur eine Zwanzigernote, da müssen wir dich noch eine Weile hupfen lassen, da müssen deine Nerven noch ein paar Überraschungen erleben! Ist es ein Fünfziger, so ists Spiel schon halb gewonnen! *Er öffnet ein wenig die Hand und blickt hinein* Was, ein Hunderter! Oh, du heiliger Stanislaus! – Du fährst heute ab, um neun Uhr fünfzehn! Über dich komm ich ja wie ein Wirbelwind! *Tanzt ab.*

Vorhang

IV. AKT

I. SZENE

Ein kleines Zimmer mit einem Bett. Unordnung, wie sie eine elegante Frau umgibt. Im Hintergrund, nicht in der Mitte, das einzige Fenster, ein bis zum Boden gehendes Balkonfenster, verschlossen durch die Glastür mit Vorhängen, die angelehnt ist. Tür links, rechts Tapetentür ins Toilettenzimmer.

MELANIE *sieht gebückt in einen Stoß beschriebener Blätter, in denen sie liest* Natürlich bin das ich. Es schwimmt mir vor den Augen. »M – M – M« das bin ich. – »Begegnung im Walde« – »Eine Jagdhütte« – »Ein Aprilwetter« – »Suchende im Walde mit Fackeln« – »Der Ehemann der nachfährt« – Er nennt ihn Gustav. Was nützt das, wenn sonst alle Details stimmen. Kommt jemand? *Sie wirft ein peignoir über das Paket, nachdem sie die Blätter schnell geordnet hat, läuft an den Spiegel, richtet sich. Ein Schatten an der Balkontür von außen* Jaromir, was fällt Ihnen ein, durchs Fenster zu kommen! Wie können Sie – –

Theodor durchs Fenster herein, indem er die angelehnte Glastür von außen nach innen öffnet.

MELANIE Ah, Sie sind's, Franz?!

THEODOR Ich bitte untertänigst um Vergebung. Ich habe in Eile schnellsten Weg genommen, um zu melden wegen der Jungfer. Ich habe mit großer Mühe Verbindung bekommen –

MELANIE Sie kommt also –

THEODOR Leider – nein! – Es ist dort etwas dazwischen gekommen.

MELANIE Ja, was denn? Sie hätten nichts dazwischen kommen lassen dürfen! – Ich will nicht allein bleiben!

THEODOR Wenn ich melden dürfte? Ich habe die Jungfer an Telefon rufen lassen, sie läßt Hände küssen und läßt melden, sie könnte nicht abkommen, weil unversehens die Damen Galattis oder so etwas – angekommen sind.

MELANIE Meine Schwägerinnen, in Waidsee?

THEODOR Unversehens zurück aus Mähren – – und da hat die Jungfer heiklige Bedienung übernehmen müssen und da ist sie der Meinung, Euer Gnaden selbst, wenn das gewußt hätten, hätten demgemäß unbedingt befohlen dort zu bleiben – und dem hab ich beigestimmt – – weil ich doch weiß, was das für Spioninnen sind diese beiden teilweise unverheirateten, teilweise verwitweten Frauenspersonen – habe ich denn vergessen was uns diese so vor vier Jahren dort an der Riviera für eine Hetze angezettelt haben!

MELANIE Ah, diese fürchterliche Geschichte im Eden Hotel in Nervi, die wissen Sie noch!

THEODOR Vergesse ich denn so etwas – bin ich denn ein solcher Hudriwudri ein oberflächlicher, daß ich solche Schreckenstage von meiner Seele abbeuteln könnte wie ein Hund die Flöhe? – Sehe ich denn Euer Gnaden nicht dastehen bereits wie eine verlorene Person – Wo? In meinem geistigen Auge! Von damals rede ich, wie diese beiden Schwägerinnen uns nachgereist sind und unversehens dagestanden sind in Hotelhalle! – Und der Herr Gemahl, ist mit ihm zu spaßen? Ist das ein angenehmer Gegner? Täte der ein Erbarmen kennen, wenn noch diese beiden Furien ins Feuer blasen, heute wie damals?

Melanie will etwas sagen, er läßt sie nicht.

THEODOR Und die sind zähe Rabenviecher, diese Intrigantinnen! Nicht einmal unsere Verehelichung dahier hat ihnen ganz ihr Mißtrauen eingeschläfert! Und wenn die den kleinsten Anhaltspunkt wiederum bekämen – so ein Dokument – so irgendwelche Inflagrantisachen – so wie damals die Photographien, die der Haderlump, dieser Zimmerkellner aufgenommen von Euer Gnaden und meinem Herrn Baron in einem Mondschein sehr nahe beisammen.

MELANIE Wieso erinnern Sie sich denn an das! Das ist doch gräßlich, daß Sie das noch wissen!

THEODOR *sehr ernst* Ich erinnere mich an alles. Deswegen braucht man sich vor mir in keiner Weise schämen. Es gibt Individuen, die interessiert nichts als die eigene Person, zu dieser Sorte gehöre ich nicht. – Ich bin es – nebenbei – gewesen, der diesem Haderlumpen die Platten abgekauft hat und damit ist Beweisstück aus den Händen geräumt gewesen und die Schwägerinnen sind abgezogen als unbeweisbare Verleumderinnen und haben gekocht vor Gift und Galle – – *im Zimmer umher, Ordnung machend* Ich werde dieser bedienenden Person einschärfen öfter unter Tags aufzuräumen. Sie scheint nicht zu wissen, was eine Damenbedienung ist. – *Er hebt das peignoir auf und entdeckt das Manuskript* Ah, das ist aber! Ja wie kommt denn das daher! Ah da trifft mich der Schlag!

MELANIE Sie kennen diese Schriften?

THEODOR Ja was ist denn das? Ja wie käme denn das daher! Ob ich das kenne? Das ist doch der neue Roman. Ich habe doch alles miterlebt! Es sind natürlich Ungenauigkeiten darin. Er hat ein schwaches Gedächtnis. *Geringschätzig* Gelegentlich fragt er mich um etwas: und das ist dann demgemäß die einzelne Sache auf die grade alles ankommt. – *Er blättert* Aber da bin ich demgemäß sehr überrascht. Hat also Aussprache darüber *er zeigt auf das Manuskript* stattgefunden und haben in schwacher Stunde Zustimmung gegeben?

MELANIE Ich? Gott im Himmel! – *Sie zerknüllt ihr Taschentuch zwischen den Händen.*

THEODOR Aber das ist, halten zu Gnaden, nicht ungefährlich. Käme das diesen Schwägerinnen in die Hände, die möchten schweres Geld geben – – die wären ja im Nachhinein rehabilitiert als rechtschaffene Angeberinnen. Die möchten ja das bereits wie ein corpus delicti benützen! Aber ich bitte um Vergebung! Euer Gnaden werden sich das alles besser überlegt haben. Ich bitte um Begnadigung, wenn ich mich durch alte Anhänglichkeit hinreißen lasse!

MELANIE Franz, Sie sind ein alter treuer Begleiter und Diener, ein alter Vertrauter – ich werde Ihnen alles sagen! – Es ist – ich habe – ich bin – ich weiß nicht. Dieses Paket ist da gelegen – ich bin außer mir.

THEODOR Also dann nicht Herr Baron hat es überreicht zur Kenntnisnahme?

MELANIE Ich sag Ihnen ja! Ich hab keine Ahnung! Es ist da gelegen. Ich habe es aufgeschlagen und war wie vom Blitz getroffen.

THEODOR Belieben zu sitzen in einem Fauteuil.

MELANIE *setzt sich* Ich habe im Gegenteil, der Herr Baron hat mich bestimmt versichert – ich meine, ich habe ihn so verstanden, daß er niemals die Erinnerungen, die sich auf mich und unsere früheren Begegnungen beziehen zu einer Aufzeichnung benützen wird.

THEODOR Ich verstehe. – Ah, da geht mir aber ein Licht auf! Ah, da sehe ich ja deutlich!

MELANIE *springt wieder auf* Was, Franz, wer? Lieber Franz! Was meinen Sie?

THEODOR Jetzt versteh ich!

MELANIE Was verstehen Sie?

THEODOR Das Herumschleichen von der Milli und so fort. Und diese Rosa steht heute noch in Verbindung mit denen Schwägerinnen: das ist mir bewußt.

MELANIE Franz so helfen Sie mir doch! *Sie greift nach ihrem Portemonnaie, das irgendwo liegt.*

THEODOR Es waren sehr viele Geräusche am Telefon, sehr schlecht zu verstehen – aber das ist sicher: die Jungfer hat nicht herkommen wollen! Hat sich Ausrede machen wollen! Diese tückische Person! Die hat Respekt vor dem Herrn Gemahl, die weiß, daß mit dem Herrn nicht gut Kirschen essen wäre, wenn man als Gelegenheitsmacherin in seine starken Hände fallen täte! Euer Gnaden sehen nicht gut aus! Befehlen, daß ich Tee mit Cognac heraufserviere? *Melanie winkt nein.* Sie hat auch etwas gemurmelt von schlechter Laune von Herrn Gemahl, das fällt mir jetzt erst ein!

MELANIE Was soll ich tun Franz? *Sie hat ihr Portemonnaie in der Hand.*

THEODOR Fragen mich – oder benützen nur so allgemeine Redeweise?

MELANIE Ich frage Sie, lieber Franz! Natürlich frage ich Sie!

THEODOR *in bezug auf das Manuskript* Das muß aus der Welt! Dann sind die heimtückischen Mitwisser ohne Beweisstück und können sich aufhängen!

MELANIE *gibt ihm schnell viel Geld aus ihrem Portemonnaie, indem sie es ihm zusammengedrückt in die Hand schiebt* Tun Sie, was Sie für gut halten!

THEODOR *nimmt das Geld, schiebt es in die Westentasche, tritt aber zurück* Wie meinen das bitte?

MELANIE Räumen Sie es weg, verbrennen Sie es!

THEODOR *legt das Manuskript weg, auf den Tisch, als ob es ihn brennte* Ah, das getraue ich mich nicht! Ja wer bin ich denn? Ich bin in einer dienenden Stellung. – Wo er das bei seinem schlechten Gedächtnis hütet wie seinen Augapfel – ja – da riskiere ich ja meine Existenz! Wenn das aufkäme!!!

MELANIE *ringt die Hände* Mein Gott, so geben Sie mir doch einen Rat!

THEODOR Befehlen Rat? Ratsam wäre eines: abreisen, diesen Abend, und mitnehmen die Sache als Eigentum.

MELANIE Mitnehmen?

THEODOR Man wickelt ein und legt in Koffer. Dann sind Euer Gnaden sicher wie in Abrahams Schoß.

MELANIE Aber wie kann ich denn das?

THEODOR Wieso können? Was kann er machen geltend? Moralisch? Ah, da möchte ich sehen. Soll er hinfahren und sich wiederholen. Soll er betteln darum. Euer Gnaden werden diktieren.

MELANIE Ich kann doch nicht etwas stehlen!

THEODOR *legts hin* Ah, bitte!! dann nicht! Da werde ich mich demgemäß zurückziehen!

MELANIE Franz, legen Sie es in meinen Koffer, schnell, ich reise ab!
Es klopft.

THEODOR *lächelt befriedigt* Schlimmstenfalls sagt man, es ist aus Versehen eingepackt worden und schiebt es auf Aushilfspersonal! *Er nimmt das Paket.*

MELANIE Herein. *Zu Theodor* Packen Sie es in den Kleiderkoffer ganz unten. *Nochmals gegen die Tür* Herein!
Theodor das Paket unterm Arm, geht langsam gegen die kleine Tür rechts.

2. SZENE

JAROMIR *tritt links ein, erstaunt* Was machen Sie schon wieder hier! *Leise zu Melanie* Ich bin überrascht!

MELANIE Wieso denn schon wieder? Ich hab den Franz gerade gerufen. Er muß mir helfen, alles schnell in Ordnung bringen. *Sie sieht auf die Armbanduhr* Ich reise in zwei Stunden und zwanzig Minuten.

JAROMIR Sie reisen? Sie reisen? – von hier ab?

MELANIE Um neun Uhr fünfzehn –

Theodor ist eifrig tätig, kleine Toilettengegenstände, Sachets, Pantoffel, Bänder, Handschuhe, die in allen Teilen des Zimmers verstreut liegen, zusammenzusuchen.

JAROMIR *fassungslos vor Staunen und Ärger* Sie – *unwillkürlich sich zu Theodor wendend.* Was soll denn das heißen?

Theodor hält Jaromirs Blick aus, erwidert ihn mit verbindlichem Lächeln und zeigt auf Melanie.

MELANIE Warum fragen Sie denn ihn? Ich will es Ihnen gerade erzählen! *Leiser* Ich habe beim Fortfahren von zu Haus kein gutes Gefühl gehabt.

JAROMIR Inwiefern?

Theodor im Begriff ein Morgenkleid an sich zu raffen, das dort liegt oder hängt, wo Jaromir lehnt, nötigt diesen, ihn devot anlächelnd, seine Stellung zu wechseln.

MELANIE *halblaut* In bezug auf meinen Mann und diesen Ausflug hierher. Ich habe telefoniert. Es war, wie ich gedacht habe. Er nimmt es sehr übel, daß ich ohne ihn gefahren bin.

JAROMIR *völlig verstört und zu laut, ja mit einem Aufstampfen des Fußes* Das ist ungeheuerlich!

THEODOR Befehlen?

JAROMIR Ich habe nicht zu Ihnen gesprochen!

Theodor lächelt und sammelt Nadelpolster, Photographien, französische Bücher, Flacons und anderes, trägts ins Toilettenzimmer, eilig ab und zugehend.

MELANIE *sieht wieder auf die Armbanduhr* Es bleibt mir gerade die Zeit, mich bei Ihrer Frau Mutter zu entschuldigen und Ihrer Frau Adieu zu sagen.

Jaromir beißt seine Lippen.

MELANIE *von jetzt an mit einer reizenden Ruhe und Sicherheit* Sie haben eine reizende kleine Frau. *Leiser* Wir haben zu wenig an Ihre Frau gedacht. Und auch zu wenig an meinen Mann.

JAROMIR *so zornig, daß er nicht mehr höflich ist* Jetzt auf einmal, das ist unerhört!

MELANIE *sehr ruhig und sanft* Ich habe das heute vormittag plötzlich gefühlt.

JAROMIR *ganz leise und sehr böse* Heute vormittag! Ah! Ah!

MELANIE *wegrückend und zugleich einen lauten Ton nehmend* Es hat mich sonderbar und nicht angenehm getroffen, wie Sie diese Geschichte – die im April passiert ist – diesen Abend in der Jagdhütte – wie Sie das sehen –

JAROMIR Wie ich das sehe?

MELANIE Ja, die Rolle die mein Mann dabei gespielt hat – dabei und bei früheren Vorfällen –

JAROMIR Vorfälle nennen Sie das? Das ist ein etwas unerfreulicher Ausdruck.

MELANIE *ruhig und halblaut* Ich weiß. Ich habe das erlebt, Jaromir, erlebt, gelebt und *leiser* vielleicht genossen. Ich bin manchmal eine sehr leichtsinnige Person – und – ich kann es nicht ertragen, einen Freund zu verlieren und deshalb reise ich ab.

JAROMIR Das ist ein böser Traum! Diese Aufeinanderfolge. Diese Duplizität der Fälle –

MELANIE Was haben Sie denn? Welche Duplizität? Ich sage es Ihnen doch: ich habe gefühlt, daß mein Mann nicht sehr gerne sieht, daß ich allein hier bin. Ich bin auf einen Sprung hergekommen, um Ihre Ungeduld zu stillen – denn Sie sind ein ungeduldiger Mensch und ich bin eine alte gute Freundin –

JAROMIR Das nennen Sie meine Ungeduld stillen?

MELANIE – und ich fahre zurück und komme, wenn es Ihnen recht ist, die nächste oder übernächste Woche – mit meinem Mann. Er wird sich hier sehr wohl fühlen. Er hat einen besonderen Sinn für Wesen, wie Ihre Frau eines ist.

JAROMIR *wütend* Da ist irgend was passiert, das du mir verheimlichst. Dahinter steckt ein Mann, aber nicht der deinige!

MELANIE *sieht ihn an* Oh, wie schlecht Sie mich kennen, Jaromir, das könnte einen beinahe traurig machen!

JAROMIR Ich kenne dich schlecht?

MELANIE *sehr ruhig* Sie kennen vielleicht manches von mir. Aber nicht das, was vielleicht das Beste an mir ist. Nicht die Seite, die zum Beispiel mein Mann kennt. Es ist meine Schuld. Ich habe das vor Ihnen versteckt, ebenso, wie ich vor ihm das andere versteckt habe. Und ich weiß wiederum, Sie verstecken geflissentlich vor mir Ihr Bestes – –

JAROMIR Ah, ah, das wäre?

MELANIE Ihre Ehe und die große Liebe, die nach einem etwas überstürzten, Ihrerseits geradezu frivolen Anfang diese grade, ehrliche, bezaubernde und in Sie verliebte hübsche Person in Ihnen geweckt haben muß –

JAROMIR Ah, Sie empfehlen mir meine Frau! Ah – das ist ja eine Serie! Ihr seid eine wie die andere! Sklavinnen eurer mehr oder minder hysterischen kleinen Launen! Seid noch so verschieden von einander, in einem seid ihr gleich, in einer grenzenlosen Selbstsucht – Wer erlaubt euch das Herrliche, das uns euch ausliefert, in dieser Weise zu verwalten? *Es klopft an der Tür links.*

MELANIE *schnell* Herein.

3. SZENE

Theodor hinter ihm Hermine, treten links ein.
Jaromir trommelt wütend mit den Fingern auf der Kommode, nächst der er steht.

THEODOR *indem er auf seine Uhr sieht* Euer Gnaden werden verzeihen, wenn wir mit Packen schon anfangen. Gepäckwagen geht vor acht Uhr.

MELANIE Ja natürlich, packen Sie nur. Bringen Sie auch den zweiten Koffer hier heraus, hier ist mehr Platz. Und geben Sie nur acht, Franz, daß später dann d a s zu unterst gelegt wird, was ich Ihnen früher übergeben habe.

THEODOR Sehr wohl, ich werde beaufsichtigen. *Ab mit Hermine ins Toilettenzimmer, dessen Tür offen bleibt.*

MELANIE *mit einem Blick auf Jaromir* Und jetzt bleibt gerade noch die Zeit, daß Sie mich zu Ihrer Mutter begleiten, damit ich mich verabschiede. Die letzte halbe Stunde dann vor dem Souper will ich mit Ihrer Frau verbringen – aber ohne Sie. Wir Frauen haben einander eine Menge zu sagen.

Theodor und Hermine bringen mehrere Koffereinsätze, auf denen Blusen, Kleider, kleine Morgenmäntel, Kimonos und dergleichen aufgehäuft liegen.

Jaromir will etwas antworten.

MELANIE *wendet sich indessen an Hermine* Ich mache Ihnen viel Mühe meine Liebe, erst mit dem Auspacken, jetzt mit dem Einpacken. Behalten Sie dafür diese Bluse. Ich hoffe, sie gefällt Ihnen.

HERMINE Oh, Euer Gnaden! *Küßt ihr die Hand.*

JAROMIR *ärgert sich, wütend, murmelt* So vergeuden Sie diese letzten paar Minuten!

MELANIE *wendet sich zu ihm* Ihnen, Baron Jaromir, kann ich zum Abschied nichts schenken! Im Gegenteil, von Ihnen nehme ich etwas mit – etwas, das mit mir zu nehmen mir sehr viel bedeutet.

JAROMIR *ohne zu achten, was sie sagt, mit einem letzten Wunsch, sie zu sich hinüberzuziehen, leise, während Theodor und Hermine für einen Augenblick wieder im Toilettenzimmer verschwunden sind* Siehst du dort die kleine Brücke? Sie hätte heute jemandem ein Weg sein sollen – hierher, einem zärtlichen Freund. Melanie! Soll sie umsonst gebaut sein?

MELANIE *laut, da Theodor und Hermine wieder eintreten, beladen mit Kleidern und Mänteln* Wie sagen Sie, Baron Jaromir? Nein, das Hämmern da draußen auf dem Dach hat mich garnicht gestört. Ich schlaf nie nachmittags. Ich habe gelesen, nicht wahr, Franz, Sie haben mich lesend gefunden?

THEODOR Jawohl.

MELANIE Sie wissen, ich lese ganz selten in Büchern, außer in ganz oberflächlichen, die einem garnichts nützen, aber manchmal passiert es doch, daß ich durch eine Lektüre auf einmal recht weit vorwärts komme. So etwas ist heute nachmittag passiert. Die Grenze zwischen zärtlich attachiert und frivol ist mir auf einmal ganz klar geworden. Und auch die zwischen dem, was man vielleicht noch entschuldigen könnte und dem, was einfach unerlaubt ist.

JAROMIR *verstockt* Ich verstehe Sie absolut nicht.

MELANIE *sehr ernst* So? Sie verstehen mich nicht? Wirklich, Jaromir? Sie haben hier in diesem Hause mehr als Sie verdienen. Und ich habe anderswo das, was schließlich meine Existenz ist. Darum gehe ich jetzt weg und Sie bleiben hier.

JAROMIR Ich verstehe kein Wort. Aber ich werde Sie zu meiner Mutter begleiten.

MELANIE *an der Tür* Nein, ich möchte, daß Sie mich allein gehen lassen und über das, was ich gesagt habe, für sich selber ein bißchen nachdenken. *Sie geht* – ein ganz klein bißchen nachdenken!

Jaromir bleibt zurück und stößt zornig die Zigarette in eine kleine, irgendwo stehende Aschenschale, bis sie verlischt.

THEODOR *der ihn mit einem eigentümlichen, undurchdringlichen Ausdruck beobachtet* Stören wir Euer Gnaden? Sollen wir mit den Koffern ins Nebenzimmer?

Jaromir zuckt zusammen und geht ohne Antwort schnell aus dem Zimmer.

4. SZENE

THEODOR *noch bevor die Tür sich schließt, zu Hermine, ohne sie anzusehen* Sie packen ein, ich sortiere und reiche.

HERMINE *mit ein paar zartfarbigen Kimonos und Ähnlichem überm Arm* Schön ist das!

THEODOR *ohne sie anzusehen* Du verlierst ja die Augen aus dem Kopf über diesem Zeug! Da – vorwärts!

HERMINE *legts in einen Koffereinsatz* Wenn man denkt! das anhaben, da muß eins doch das Gefühl haben, als ob man ein Engerl wäre mit Flügerln hinten.

THEODOR *ebenso* Was ist da weiter? Da, pack ein diese Fetzen. *Reicht ihr.*

HERMINE *kniet und packt ein* Und dabei sollens doch nicht viel wert sein, die Gnädigen.

THEODOR Was redst du da? Mach weiter. Ich hab Zeit nicht gestohlen.

HERMINE *sieht auf* Ja, vor dir darf ich das nicht sagen, es wird ja gredt, du bist verliebt in die junge Baronin, deswegen ist dir jetzt unsereins viel zu gewöhnlich!

THEODOR *ohne sie eines Blickes zu würdigen, aber immer so, daß es scheinen kann, er richte, mit dem Sortieren beschäftigt, nur zufällig seine Augen immer anderswohin als auf Hermine* Das sind Tratschmäuler, erbärmliche. Diese Menschen haben die Unfähigkeit, einen Menschen wie ich es bin, zu erfassen. Weil ich den einen Blick der Liebe und Aufmerksamkeit auf eine menschliche Kreatur wie diese Anna werfe, deswegen glauben sie schon, daß sie mich in ihre Mäuler nehmen können. Auch noch so eine Melanie, wenn ich sie in meinen Armen in die Höhe gehoben mir denke, *er hat eines von Melanies leichten Abendkleidern in der Hand und zieht flüchtig das Parfum ein, das davon ausgeht* die ist ja noch zehntausend mal besser, als wie der Gebrauch, den er von ihr macht! Und da hat sie seine Photographie stehen als wie einen Götzen! Ganz ungeniert! *Er wirft ihr das Kleid und noch ein paar andere zum Einpacken hin.* Was kann er denn an einem menschlichen Geschöpf wahrnehmen, als das da – diese Seiden – diese Pelze, diese Battiste, diese Chiffons – *er wirft ihr dergleichen in Haufen zu* das ist ja sein Um und Auf! bis dahin reichen seine fünf Sinne – da diesen parfumierten Fetzen versteht er nachzulaufen, darauf hat er Appetit – und dazu muß die ganze Weiblichkeit herhalten und dazu ist eine Stadt nicht groß genug – da müssen Eisenbahnen her und Schlafwagen her und Automobil und Theater muß her und Hotel muß her! Und Dienerschaft muß her und eingepackt muß werden und ausgepackt muß werden und Hetzjagd geht weiter – und Telefon muß her – und Brieferl werden geschrieben und Büchel werden gelesen und englisch wird parliert und französisch und italienisch – und in diese frivole Sprache schlieft er hinein, wie in seidene Pyjama, mit denen er ausgeht auf nächtliche Niederträchtigkeiten. Aber hat er denn eine Seele im

Leib, die aus ihm hervorbricht? Ja? Nein? Ja? – *Er räumt das unterste Fach einer Kommode mit einem wilden Griff aus, es taumeln Stiefeletten und Halbschuhe aller Arten und Farben ihm entgegen, weiße, graue, schwarze, violette, goldfarbene.* Das ist gaunerische Sprache, auf die er eingelernt – da hast du – *er nimmt zwei Schuhe auf die Hände und agiert mit ihnen wie mit Puppen* kitzlige Sprache, auf die seine blasierten, schläfrigen niederträchtigen Blicke mit Feuer antworten. Da! Da! *Er schleudert die Schuhe wie Geschosse gegen die Einpackende.* Das ist oberste Vierhundert! Da! Das ist Blüte der Menschheit! Da! Da! Da! Dafür ist die Welt geschaffen von unserem Herrgott, damit auf oberstem Spitzel er mit seinem von irgendeinem Franz geputzten Lackschuh kann fußeln mit dem Ding da, was ich da in Händen halte. Da! Da! Ah du! Dein Gesicht will ich nicht mehr sehen, dein blasiertes, niederträchtiges! So stehst du da in goldenem Rahmen! So! *Er hat blitzschnell Jaromirs Photographie aus dem Rahmen gezogen, reißt sie mitten durch und schiebt sie zerrissen wieder hinein.*

HERMINE *springt zurück* Was Sie für Augen machen, Herr Theodor, man könnte sich ja fürchten vor Ihnen! Nein, was Sie für einer sind!

THEODOR *mit einem Sprung, nimmt sie um die Mitte* Ists nicht gut, wenn du dich fürchtest?! Bin ich denn böse auf dich? Dir läufts ja, scheint mir, eiskalt über den Rücken herunter?

HERMINE *tut, als wolle sie sich ihm entziehen, aber nicht mit voller Kraft* Nein, lassen Sie mich! Ich bin ja viel zu gewöhnlich für Sie!

THEODOR *bei ihr* Ah, wenn ich zu fürchten bin, dann fürchtest du dich zu wenig! Was hast du denn zu der Wallisch über mich gesagt? Du hast gesagt: Meine Männlichkeit wirkt dir nicht mehr! Du bist mir aus meinen Krallen geschlupft! Ja, da hast du ja ein Sacrilegium begangen! *Plötzlich den Ton wechselnd, mit äußerster Zärtlichkeit* Freilich hast du diese Gemeinheiten gesagt! Aber das ist mir ja recht! oh, du gewöhnliche Gewöhnlichkeit du – *küßt sie* wer sagt dir denn, daß ich nicht deine Gewöhnlichkeit mit einer brennenden Liebe rund herum fangen und in die Höhe heben will!

DER KLEINE JAROMIR *draußen* Papi! Papi!

HERMINE Aber lassen Sie mich doch! Draußen ist wer! Herr Theodor!

DER KLEINE JAROMIR *an der Tür, noch außen* Papi!

THEODOR *ist sofort in Miene und Ton umgewandelt* So, jetzt packen Sie zu Ende!

Der kleine Jaromir wird an der Tür hörbar.

HERMINE *halblaut* Wie kann ich denn jetzt? Jetzt bin ich ja ganz verwirrt!

THEODOR *ebenso, aber sehr stark* Bei deiner Seele! Kein frivoles Wort vor dem Kinde! *Er schiebt sie mit einem Griff ins Toilettenzimmer.*

5. SZENE

DER KLEINE JAROMIR *tritt herein* Papi, Guten Tag sagen! *Er sieht sich ängstlich um, dann bemerkt er Theodor, der in der Türnische zum Toilettenzimmer steht, den Rücken gegen die Tür. Theodor lächelt liebreich.*

DER KLEINE JAROMIR *zuerst erschrocken, dann erfreut* Theodor! – Wo ist der Papi?! Wo ist der Papi? Ich kann ihn nicht finden und Mutti hat mich auch weggeschickt. Wo ist der Papi?

Theodor zeigt mit einer seltsamen Gebärde, er wisse es nicht.

Der kleine Jaromir lächelt.

THEODOR *einen Schritt hervortretend* Wie sagt der Zauberer zu seinem Kinde?

DER KLEINE JAROMIR *ängstlich, aber entzückt* Komm, du liebes Kind – fürchte dich nicht – ich sehe aus wie ein gewöhnlicher Mensch – *stockt.*

THEODOR Komm, du liebes Kind, ich habe dich lieb wie Vater und Mutter, ich verstehe deine Seele – ich werde mit dir fliegen! *Packt den Kleinen blitzschnell, drückt ihn zart und fest an sich und schwingt sich mit ihm über den Balkon.*

Der kleine Jaromir lacht vor Freude.

Vorhang

V. AKT

I. SZENE

Die Dekoration des ersten Aufzuges.
Es treten rechts oben ein: Theodor im Frack, mit einem großen Servierbrett, worauf Gläser, Karaffen und silbernes Eßbesteck, der Gärtner in grauer Jägerlivree, mit einem gleichen Brett, worauf die Teller und im anderen Teil das Besteck, dann Hermine, schwarz angezogen mit weißem Häubchen, weißer Schürze und weißen Handschuhen, mit einem gleichen Brett, worauf die Tischwäsche. Sie stellen ab und ordnen auf zwei Kommoden links und rechts von der Glastür, die als Anrichte dienen. Hermine nimmt das Tischtuch, geht durch die Glastür und beginnt einen Tisch für sechs zu decken, der in der Terrasse mittelst, auch in der Mittelachse des Zimmers steht.

THEODOR Rasch, rasch, beeilen Sie sich! Es muß schnell serviert und gegessen werden, denn dann erfolgt Abreise, schnelle Abreise, sehr schnelle Abreise!

GÄRTNER Seit wann wird denn jetzt auf der Terrasse serviert statt im Speisezimmer? Das ist ganz was Neues! *Ab.*

THEODOR Erstens ist dies nichts Neues, sondern ganz was Altes und das geht Sie einen Schmarrn an! *Zu Hermine* Und weißt du, wo ich dir heut Nacht dein Zimmer anweisen werde? Da droben! *Er zeigt senkrecht nach oben* Da, wo wir diese Melanie ausquartiert haben, da wirst du dich hinaufbegeben und ich werde diesen Weg – *er zeigt wie ein Seiltänzer, der balanciert* dort über schwindlichem Dach werde ich zu dir kommen, dir einen kleinen Besuch machen, verstanden?!

HERMINE Maria! Da droben schläft doch der Herr Baron! Der hört doch alles!

THEODOR Gerade durch sein Zimmer werde ich meinen Weg

nehmen und ihn werde ich heut anderswo einquartieren. So hab ich mir schon überlegt.

HERMINE Was Sie zusammenreden!

THEODOR *galant und scherzhaft* Was unterstehst du dich?! Mir scheint, du hast dich schon zu lange nicht vor mir gefürchtet!

Hermine lacht.

THEODOR Zuckst du?! Na wart! Dir muß ich den Herrn zeigen! Du wirst mich heut in der neuen Bluse empfangen als Zeichen, daß du dich vor mir fürchtest!

HERMINE Das werden wir sehen!

THEODOR *zärtlich* Oh, du lachst! Mir scheint, da habe ich eine boshafte Schlange an meinem Busen aufgewärmt!

BARONIN *von oben rechts* Theodor, haben Sie eine Ahnung, wo ich mein Lorgnon liegen lassen habe?

Theodor von oben rechts, eilt hin, nimmt das Lorgnon von einem Möbel und überreicht es.

BARONIN *sehr huldvoll und aufgeheitert* Was sagen Sie dazu, Theodor, daß jetzt beide Damen auf einmal abreisen müssen! Das ist doch eine außerordentliche Überraschung!

THEODOR *mit einer Miene, die alles sagt und doch nichts preisgibt* Ich danke untertänigst für gnädige Anerkennung.

BARONIN *mit einer leisen Spur von Einverständnis* Ich habe ja nichts gesagt!

THEODOR Haben allergnädigst zu erkennen gegeben.

General tritt links vorne ein, zuerst schüchtern durch die halb geöffnete Tür spähend. Theodor entfernt sich schnell durch die Glastür, die er hinter sich schließt.

2. SZENE

BARONIN *wie sie den General sieht, nickt ihm in guter Laune zu, indem sie mit dem Kopf hinter sich auf Theodor deutet* Er bleibt. Er hat aus freien Stücken seine Kündigung zurückgenommen. Heute ist er wieder ganz der alte Theodor! Haben Sie seinen Gang bemerkt?

GENERAL Das ist der gewisse Gang, den er hat, wenn er mit sich zufrieden ist. Darin liegt ja ein förmlicher Krampf von Hochmut!

BARONIN *gegen die Bank hin* Eben. In diesem Augenblick habe ich sofort etwas mit ihm abgemacht. Sie wissen, daß mein Mann, zu der Zeit wie er noch Militärattaché in Konstantinopel war, den Theodor überall hin mitgenommen hat, nach Smyrna, nach Damaskus, ich weiß nicht, wohin noch!

GENERAL *erschrocken* Amelie! Sie wollen wieder reisen?

BARONIN Das glaub ich! und nicht mit einer idiotischen Jungfer, der ich auf allen Perrons das Handgepäck nachtragen muß und wenn sie seekrank wird, den Kopf halten muß. Der Theodor ist ein idealer Reisemarschall, er kennt sich überall aus!

GENERAL Amelie, ich habe es geahnt, daß Sie wieder reisen wollen –

BARONIN Ich bin es satt, unter diesem ewigen Regenhimmel Neuralgien zu haben! Ich will noch einmal unter dieser goldenen Luft in einem hellen Kleid auf einer Hotelterrasse sitzen und Minaretts vor mir sehen!

GENERAL Sie werden zwei, drei Monate weg bleiben?

BARONIN Ein halbes Jahr hoffentlich!

GENERAL *schüttelt traurig und resigniert den Kopf* Wie soll ich denn auf das aushalten?

BARONIN Und wenn ich Ihnen sage, daß der Theodor selbst, ohne daß ich ein Wort davon gesagt hätte, den Gedanken aufs Tapet gebracht hat, wie es denn wäre, wenn Sie mir nach Smyrna oder Athen entgegenkämen?

GENERAL *in jähem Umschwung zu kindlicher Freude* Ich darf Ihnen entgegenkommen?!

BARONIN *mit großer Grazie* Wenn es Ihnen nicht zu unbequem ist, einen Schiffskoffer zu packen?

GENERAL *außer sich vor Freude* Amelie! *Plötzlich wieder betrübt* Ah, es war aber der Theodor, der das proponiert hat! Und Sie – –

BARONIN *mit Grazie und Ernst* Ado, ohne Sie wäre ich doch die gewisse alte Person, die in Kurorten und Hotels einsam und mürrisch dasitzt und von der niemand begreift, wozu sie noch auf der Welt ist! *Sie reicht ihm die Hand zum Kusse.*

General mit Tränen in den Augen wie er sich über ihre Hand beugt und ihre Fingerspitzen küßt.

3. SZENE

ANNA *links oben eintretend* Oh – ich habe geglaubt, der Jaromir ist da! Nämlich die Melanie war jetzt bei mir, das ist so eine liebe Person! Ich glaube, sie sucht dich! Sie hat mir versprochen, daß sie im August mit ihrem Mann wieder herkommt.

MILLI *sieht links herein* Frau Baronin, Frau von Galattis sitzen im Boudoir droben und Fräulein Am Rain möchte sich auch verabschieden –

BARONIN Ich komme!

GENERAL Wenn Sie erlauben, so gehe ich mit. *Beide links ab.*

4. SZENE

Jaromir kommt vorne links, wo jetzt fertig gedeckt ist und Theodor gerade das Mittelstück mit Blumen auf den Tisch stellt.
Anna hat Jaromir gesehen und wartet; sie steht an der Seite rechts.
Jaromir ärgerlich und zerstreut, will quer durchs Zimmer gehen und bemerkt Anna nicht gleich.

ANNA Jaromir!

JAROMIR Ah, du!

ANNA Du bist verstimmt über etwas?

JAROMIR Ich komme aus dem Stall. Sie haben aus irgend einem Grunde den kleinen Zweispänner eingespannt, in dem allerhöchstens für drei Personen Platz ist! Das bedeutet doch, da man die zwei Frauen nicht ohne jede Begleitung wegfahren lassen kann, daß ich allein mitfahren muß. Eine dumme, irritierende Sache. Es kommt einem alles zusammen!

ANNA Was denn noch, Jaromir? Sag mirs!

JAROMIR Mir ist ein Manuskript verloren gegangen, die erste provisorische Niederschrift von meinem neuen Roman. Verloren oder verlegt, jedenfalls ist es nicht da! Und wenn ich den Roman überhaupt noch schreiben will, so ist es mir unentbehrlich – *setzt sich auf die Bank.*

ANNA Verloren kanns ja nicht sein. Wenn dus vor kurzem noch gehabt hast, so ist es eben verlegt! Geh morgen früh spazieren und laß mich während dieser Zeit suchen. Ich werde es finden –

JAROMIR Hast du denn schon einen Anhaltspunkt?

ANNA Nicht im geringsten. Aber ich weiß bestimmt, Jaromir, wenn ich etwas, was du brauchst, für dich suche, so werd ich es finden.

JAROMIR Da brauch ich also nie mehr den heiligen Anton von Padua anzurufen, sondern dich! Umso besser! *Aufstehend* auf Wiedersehen, ich gehe! Ich muß die Damen begleiten.

ANNA Ich bitte dich, hab einen Moment Zeit für mich, du mußt sie dir nehmen! Ich muß dir etwas sagen! *Vor dem Tisch.*

JAROMIR Ist dir etwas, du bist ein bisserl blaß!

ANNA Ich hab einen sehr argen Tag durchgemacht!

JAROMIR Ist mit der Baby was los?

ANNA Nein, ganz anders, in mir!

JAROMIR Du hast auch Komplikationen? Seit wann denn?

ANNA Hör mich an, Jaromir. Ich bin eine ganz mindere Person. Ich bin garnicht das, wofür du mich nimmst. Du mußt mich führen mit einer sehr strengen, festen Hand. Ich hab schon gestern abend und heute von früh an, ich hab ganz die Gewalt über mich verloren! Ich habe gegen ganz was Niedriges, ganz Unwürdiges in mir nicht mehr ankämpfen können – ich war eifersüchtig!

JAROMIR Auf die Melanie?

ANNA Ja, auf die Melanie! aber zugleich auf die Marie! Lach mich nur aus, auf beide!

JAROMIR *mit etwas gekünstelter Heiterkeit* Aber das ist ja eine ernste Krankheit, mein Schatz!

ANNA Ja, es war sehr ernst! Denn es hat mich so weit getrieben, daß ich mich nicht geschämt habe etwas zu tun, was ich mich so sehr schäme, dir einzugestehen, aber es muß heraus!

JAROMIR Na, was denn?

ANNA Ich habe gehorcht!

JAROMIR Ah! Ah! *Runzelt die Stirn.*

ANNA Du bist bös. Du hast recht! Straf mich! Ich habs verdient. – *Da Jaromir nichts sagt, fortfahrend* Heute früh warst du mit der Melanie hier im Park und da hab ich mich in der Orangerie versteckt und habe gehorcht –

JAROMIR Und?

ANNA Mir war, als hätte ich dich ihr Du sagen gehört. *Lächelnd* Aber jetzt weiß ich ja, daß ich mich geirrt habe – und plötzlich habt ihr viel leiser zu sprechen angefangen und da bin ich aus Stolz mit einem Ruck heraus aus dem Haus. Dann haben wir zu Mittag gegessen und dann bin ich mit der Mama und der Melanie ausgefahren und dann war der Tee und diese ganze Zeit habe ich dich doch verloren gehabt!

JAROMIR Mich verloren?

ANNA Ja, ich bin herumgegangen und habe gehört, was die anderen reden und habe die richtigen Antworten gegeben. Aber überall zwischen mir und allen Dingen habe ich etwas gesehen, was dir ähnlich war und doch nicht du! Ich kann es nicht anders sagen: wie ein in Fetzen gerissenes unheimliches Bild von dir – *fährt mit der Hand über ihre Augen.*

JAROMIR Aber, das ist ja ein Fiebertraum! Und man hat dir ja garnichts angemerkt, du Kleines, du armes Kleines!

ANNA Da hab ich einen Augenblick geglaubt, daß ich es auch ertragen könnte, wenn es sein müßte – und auch ohne dich leben könnte! Aber dann, wie mir die Baby ihre kleinen Arme entgegengehoben hat, da ist mir eingefallen, daß du das Kind seit zwei Tagen mit keinem Blick angeschaut hast. Und da ist etwas über mich gekommen, Jaromir, etwas so Furchtbares, so, wie wenn garnichts mehr in der Welt zu mir gehören würde, auch meine Hände nicht, meine Füße nicht, auch mein Gesicht nicht!

JAROMIR *zieht sie an sich* Aber wie hast du dir denn diese Geschichte so zu Herzen nehmen können?

ANNA *entzieht sich ihm sanft* Und da hab ich gewußt, wenn ich jetzt nicht gleich zu unserem Herrgott beten kann, daß er dich mir wiedergibt, so bin ich verloren!

JAROMIR *das gleiche Spiel* Aber ich gehöre doch zu dir und du gehörst zu mir! *Vor sich* oh nie, nie wieder!

ANNA Aber richtig beten hab ich auch nicht mehr können, nur das denken und mich so zu ihm hinfallen lassen –

JAROMIR *wie oben* Da, zu mir, wo du hingehörst!

ANNA Und er hat mich erhört! In der Sekunde! Und hat dich mir wiedergegeben!

JAROMIR Wie denn, du Engel?

ANNA Ich habe gespürt: er schickt dich von irgendwoher ganz zu mir zurück, unverlierbar –

JAROMIR Und nie wieder kann uns etwas auseinanderreißen!

ANNA *hat sich sanft aus Jaromirs Arm gelöst, sie spricht jetzt in einem leichten fröhlichen Ton weiter* Und dann hab ichs klopfen gehört, und auf einmal ist die Melanie dagestanden und dann ist auch die Marie gekommen, auch, mir Adieu zu sagen und beide waren so lieb!

JAROMIR *wie oben* Du bist lieb! Du bist mein einziges süßes Liebstes auf der Welt!

ANNA *wie oben, jetzt schnell* Die Marie ist ein besonderes Wesen, so ein Herz – und die Melanie ist so was Loyales, Aufrichtiges, Gescheites, Hübsches!

JAROMIR Du bist das alles, d u, nur d u!

ANNA Und da hab ich alles verstehen können!

JAROMIR Was denn?

ANNA Alles, alles auf einmal! Das weiß ich doch, daß diese beiden Frauen sehr an dir hängen und daß man darüber geredet hat und eben wegen der Leute hast du wollen, daß sie beide einmal hier bei uns gewesen sind – – nur aus Güte und Zartgefühl für sie beide!

JAROMIR Das kann ich doch alles garnicht anhören! *Küßt sie heftig.*

ANNA Damit sie fühlen, daß, wenn du sie schon nicht hast wählen können, du sie doch sehr hoch stellst und immer stellen wirst. Und ich, ob ich sie nun viel oder wenig sehen werde, ich bin ihnen jetzt ja schon so anhänglich – – ich hab doch gespürt, wie sie beide sind.

JAROMIR Ich hab gespürt, was du bist! In dieser Stunde so wie nie!

ANNA *zwischen Lachen und Weinen* Nicht, ich bitt dich, nicht!

JAROMIR Und hörst du, ich will nicht, daß du das Manuskript suchst, *er küßt sie* und wenn ich es finde, so wird es verbrannt, ich brauche es nicht! *Er küßt sie* Ich will es nicht *küßt sie* nie wieder, das ist alles nur eine eitle unwahre Grimasse! Ein abscheuliches Überbleibsel aus meiner zu langen Junggesellenzeit! Das brauch ich nicht *küßt sie* das will ich nicht haben. Dich will ich haben, Dich!

ANNA *zwischen Lachen und Weinen entzieht sich ihm* Sag kein Wort mehr! Kein Wort! Sonst muß ich sofort heulen wie ein Hofhund beim Aveläuten –

THEODOR *ist wieder auf der Terrasse erschienen* Herr Baron, die Damen sind in Abreise begriffen –

JAROMIR *überhört die Meldung* Ich muß dir so viel sagen! Heute noch, heute, sag doch wann?

ANNA *läuft rechts hinaus* Laß mich, es ist zuviel!

Theodor steht in der Mitte und schlägt den Gong.

Jaromir sehr erregt und dem Weinen nahe, weicht ihm aus bis an die äußerste vordere Ecke und winkt ihm, endlich innezuhalten.

THEODOR *nähert sich Jaromir* Dürfte ich jetzt etwas melden?

JAROMIR Was denn?

THEODOR *sich umsehend ob niemand horche* Ich hab mir erlaubt unvorgreiflich eine provisorische Anordnung zu treffen.

JAROMIR Was denn, das geht doch alles die Mama an.

THEODOR Nein, das geht Herrn Baron persönlich an! Ich habe in Erwägung gezogen, daß Herr Baron nicht gerne haben, wenn Gesellschaft aus drei Personen besteht, besonders wenn Damen sind, wo man doch gewöhnt ist, mit jeder einzelnen sich zu unterhalten. *Tritt näher.*

JAROMIR Was wollen Sie denn, wovon reden Sie denn?

THEODOR Demgemäß habe ich nachgedacht, wie peinliche Situation bei so einem Abschied sich in manierlicher Weise vermeiden ließe und hab für alle Fälle im Stall befohlen, die Mascotte zu satteln. Es ist schöner Mondschein, Euer Gnaden können zeitweise Trab reiten neben dem Wagen, zeitweise wieder Galopp und Schritt quer über Wiesen, so ist man in Gesellschaft und ist doch für sich allein –

JAROMIR Das ist ja eine wunderbare Idee! Franz! Sie sind ein außerordentlich gescheiter Mensch! Ich danke Ihnen sehr, Franz! Da brauche ich mich nun nicht umzuziehen. Ich sehe, daß Sie mir Ihre alte Anhänglichkeit bewahrt haben – – *läuft ab rechts.*

GÄRTNER *von rechts oben meldet dem Theodor* Die Mascotte ist gesattelt!

Gleichzeitig mit dem Gärtner ist die Baronin aufgetreten, mit den Damen Marie, Melanie, General, Dienerpersonal. Die Baronin hört die Meldung.

THEODOR Vorführen!

BARONIN Wer reitet denn aus, jetzt so spät abends?

THEODOR Der Herr Baron wird die Damen begleiten zu Pferd!

BARONIN *zu den Damen* Ich wußte es ja, natürlich begleitet Sie der Jaromir!

MELANIE Ich wußte garnicht, daß Fräulein Am Rain auch abreist!

Melanie und Marie ziehen ihre Mäntel an, die ihnen die Jungfer und die Beschließerin reichen. Theodor nimmt der Beschließerin mit einem geringschätzigen Blick Maries Mantel aus der Hand und hilft Marie hinein. Brocken von Gespräch während dessen.

ANNA *zu Marie* Jedenfalls schickst du uns gleich eine Nachricht, wie du deinen Vater gefunden hast, obwohl ich ja ein so gutes Gefühl habe, daß du ihn viel wohler finden wirst als du hoffst.

GENERAL Ich beneide den Jaromir um diesen Ritt im Mond über die Auwiesen. Wenn ich denke, daß ich drei Jahre auf keinem Pferd gesessen bin – wirst du mir nächstens die Mascotte für einen Morgenritt anvertrauen?

JAROMIR Es wird für mich und für die Mascotte die größte Auszeichnung sein. *Zu Melanie ihr in den Mantel helfend* Sie haben recht gehabt, tausendmal recht!

MELANIE Gottlob, daß Sie das einsehen!

BARONIN *zu Marie, die völlig angezogen, etwas abseits steht, sehr gütig* Und wir beide haben doch kaum ein Wort miteinander gesprochen, das tut mir sehr leid!

MARIE *nicht mehr imstand, ihre Tränen zurückzuhalten, beugt sich über ihre Hand und küßt sie* O, danke, danke!

ANNA *zu Jaromir, auch abseits der übrigen* Hast du deine Handschuhe und den Reitstock? Ich bringe sie dir! *Ab ins Haus.*

GENERAL Meine Damen, es ist die höchste Zeit, wenn Sie den Zug erreichen wollen!

BARONIN Daß dieser Aufenthalt nur so kurz war, ist wirklich eine schmerzliche Überraschung für uns *geht ab.*

JAROMIR *dem Anna Hut, Reitstock und Handschuhe gebracht hat*

Anna, wenn ich dir sagen könnte, wie ich dich sehe! Seit du hier so zu mir gesprochen hast, wie ich dich sehe, so eine Seligkeit!

ANNA *mit süßer Freude* Du – mich – wirklich? Du mich auch? Ja, von was kommt denn das?

JAROMIR Das Ganze ist so unbegreiflich! Ich werde nie im Stande sein, etwas so Ungeheures zu verstehen – wie es heut in mir zustandegekommen ist, und hinter dem Ganzen, wenn ich jetzt bedenk, liegt so eine Planmäßigkeit, als ob jemand es darauf angelegt hätte, mich zu mir selber zu bringen und dadurch auch ganz zu dir – aber wer?

ANNA Wer? Halt der, durch den alles geschieht! Was er für Werkzeuge dazu gebraucht, das können wir ja nie durchschauen.

JAROMIR Anna! *Küßt ihr die Hand.*

ANNA *will sie wegziehen* Nicht! Ich bins heute nicht wert!

JAROMIR Du – nicht wert? Ah Gott!

STIMME DER BARONIN *über die Terrasse her* Jaromir, Jaromir!

JAROMIR Wie soll ich denn jetzt weg?

ANNA Du mußt aber weg und ich muß hinauf!

JAROMIR Wie ist denn die Baby jetzt? Schläft sie unruhig?

ANNA Nur die erste Stunde. Dann so fest, daß sie nichts hört, aber gar nichts!

JAROMIR Ja, dann darf ich also zu dir kommen?

ANNA *versteht, was sie gesagt hat, ohne es sagen zu wollen, und schämt sich sehr* Jetzt schäm ich mich, daß ich das so gesagt habe! Ich hab ja garnicht an das gedacht!

THEODOR *über die Terrasse* Herr Baron, es ist höchste Zeit! Die Damen sitzen im Wagen.

JAROMIR *reißt sich los* Darf ich kommen – über die Wendeltreppe? Laß mir die Tür offen. Wirst du, ja? Auch, wenn ichs nicht verdient habe? *Läuft weg, bleibt nochmals stehen* Du! *läuft schnell fort.*

Anna nickt und steht wie betäubt.

5. SZENE

Theodor betrachtet Anna, schließt dann die Glastür und verriegelt sie dann mit einem Balken.
Hermine erscheint leise an der Tür links, vorsichtig. Sie hat weder Schürze, noch Häubchen, noch Handschuhe, sondern sie trägt die hübsche neue Bluse und eine Blume im Haar.
Theodor deutet ihr, daß Anna da ist.
Hermine macht ein Mäulchen, als sei sie eifersüchtig.
Theodor mit einer gebietenden Bewegung weist sie nach oben, sich in ihr Zimmer zu verziehen. Dann deutet er lächelnd an, er werde wie ein Kater geklettert kommen, dann jagt er sie weg mit einem Wink.
Hermine verschwindet und schließt die Tür. Alles hinter Annas Rücken.

ANNA *dreht sich auf das Geräusch der zugehenden Tür rasch um* Ah, Sie sinds Theodor!

THEODOR *ihr etwas näher kommend* Es ist sehr gütig, daß Euer Gnaden mich mit meinem richtigen Namen bezeichnen. Darin liegt eine gütige Seele ausgesprochen. Dafür bitte ich diese *mit einer kleinen Überlegung* – oder vielmehr künftige Nacht für Euer Gnaden zu unserem Herrgott beten zu dürfen.

ANNA *nach einer Sekunde* Haben Sie zugesperrt?

THEODOR Sehr wohl. Ich melde untertänigst, es ist alles in Ordnung.

ANNA *wendet sich zum Gehen, etwas geniert* Aber der Herr Baron muß noch herein.

THEODOR Da hab ich Licht brennen lassen an der kleinen Nebentür und auf der Wendeltreppe.

ANNA Ah, dort? Weiß das der Herr Baron?

THEODOR Er wird das Licht schon sehen und sich demgemäß dorthin wenden. Ich habe gemeint, Herr Baron wird Wunsch haben, nach zwei so unruhigen gestörten Tagen die beiden Kinder anzuschauen ob sie ruhig schlafen –

ANNA Ah, gut! Danke! *Sie sieht ihn lächelnd an.*

THEODOR Es sind Euer Gnaden die irdischen Dinge sehr gebrechlich. Es kann auch eine sehr starke Hand keine Schutzmauer aufbauen für ewige Zeiten um ihre anbefohlenen Schützlinge. Aber ich hoffe, so lange ich hier die Aufsicht über das Ganze in Händen behalte, wird demgemäß alles in schönster Ordnung sein!

Vorhang

DER UNBESTECHLICHE

LUSTSPIEL IN FÜNF AKTEN

1. AKT
Druckfassung

Personen

DIE BARONIN, 55 Jahre
JAROMIR, ihr Sohn, 36 Jahre
ANNA, dessen Frau, 24 Jahre
MELANIE GALATTIS, 32 Jahre
MARIE AM RAIN, 27 Jahre
DER GENERAL, 62 Jahre
THEODOR, Diener, 46 Jahre
DER KLEINE JAROMIR, 4 Jahre
DIE BESCHLIESSERIN, DIE JUNGFER, DER KUTSCHER und andere Nebenpersonen.

Auf dem Gut der Baronin in Niederösterreich.

DER ERSTE AKT

Eine Schloßterrasse, von der eine Steintreppe in einen offenen Gartensaal emporführt. Es ist Juni, der Garten steht in Blüte und liegt in voller Vormittagssonne.

1. SZENE

BESCHLIESSERIN *eine ältere Person, kommt von links, eilig, außer Atem* Frau Baronin nicht da?

JUNGFER *eine ältere, magere Person, kommt eilig von rechts, sucht und ruft* Frau Baronin!

GÄRTNER *in einer Dienerlivree erscheint auf der Terrasse und tritt durch die Glastür ein* Ist die Frau Baronin nicht da?

BESCHLIESSERIN *mustert ihn* In der Livree sollen Sie mitservieren? Wer hat das angeordnet?

JUNGFER Da hier müßt der Rock eingezogen werden und an der Weste müßten die Knöpfe zurückgesetzt werden. Aber jetzt, wo man nicht weiß, wo einem der Kopf steht! Und da macht sichs der Theodor gemütlich und legt sich ins Bett!

BESCHLIESSERIN Wenn man auf mich gehört hätte – wenn man die Einteilung so gemacht hätte, wie ich vorgeschlagen, und hätte dem Fräulein Am Rain das kleine Jägerzimmer neben der Frau v. Galattis gegeben –

2. SZENE

Baronin ist von links aufgetreten, ein Telegramm in der Hand. Jungfer macht der Beschließerin ein Zeichen, sie solle schweigen.

BARONIN Machen Sie kein Geschwätz, Wallisch, Anordnungen treffe ich, und zu ihrer Durchführung ist der Theodor eingesetzt, und damit basta. *Zur Jungfer* Was hab ich Ihnen sagen wollen?

Zappeln Sie nicht so herum, Milli! – Ja, den Kutscher will ich sehen.

Jungfer will abgehen, zögert noch.

BARONIN *liest indessen das Telegramm* Eintreffe Zellerndorf, 3 Uhr elf, herzlich Melanie. Das Telegramm ist in der Früh dagelegen – heißt das jetzt heute oder morgen? Eine zu dumme Form. Kann sie nicht hinschreiben Mittwoch! Was hat sie mir Melanie zu unterschreiben, so intim sind wir nicht! – Und drei Uhr elf kommt kein Schnellzug an, so viel ich weiß – kann dieses Spatzengehirn von einer Modepuppe nicht ordentlich im Fahrplan nachschauen! – Theodor! – Milli, will ich sagen, Milli!

JUNGFER Zu Befehl!

BARONIN Wie er ist, in der Stalljacke, in Hemdärmeln – wie er ist! *Den Gärtner bemerkend* Was ist denn das, wer hat denn Sie in dieses Faschingskostüm gesteckt?

BESCHLIESSERIN Das sind, Euer Gnaden, Frau Baronin, diese Bosheiten, diese Willkürlichkeiten, die sich Theodor gegen jeden von uns herausnimmt!

BARONIN Wallisch, ich habe Sie nicht um Ihre Ansicht gefragt. – *Zum Gärtner* Und Sie, hinaus – als Jäger anziehen, grauen Rock, graue Hose und grüne Lampas um vier Uhr dreißig gestellt zum Tee, abtreten!

Gärtner macht rechtsum kehrt und geht.

BARONIN Sind die Fremdenzimmer endlich vorbereitet?

BESCHLIESSERIN Ich bitte gehorsamst, daß ich davon nichts gewußt habe, wenn jetzt plötzlich die Frau v. Galattis ankommt, ohne den Herrn Gemahl – wenn der Theodor nicht der Mühe wert findet, mich zu verständigen, wenn angeordnet und wieder umgestoßen wird –

BARONIN Kein Wort mehr über den Theodor! Genug!

3. SZENE

Jungfer mit dem Kutscher kommt über die Terrasse. Der Kutscher ist in Stalljacke und einer Schürze.
Beschließerin wartet noch einen Augenblick, geht dann ab.

BARONIN *zum Kutscher* Es sind auf beiden Bahnhöfen Gäste abzuholen. Da – *gibt ihm das Telegramm* erkundigen Sie sich auf der Station, wann der Zug ankommt, von dem hier so beiläufig die Rede ist.

KUTSCHER *nimmt das Telegramm und behält es in der Hand* Melde gehorsamst, das geht nicht.

BARONIN Was geht schon wieder nicht?

KUTSCHER Zweierlei Abholungen am heutigen Nachmittag. Die Schimmel müssen geschont werden und der Hassan lahmt auch wieder seit gestern.

BARONIN Nehmen Sie die Mascotte in die Gabel vorm Dogcart. Himmel, Herrgott!

KUTSCHER Melde gehorsamst, das geht nicht. Auf der Mascotte ist der Stallbursch in die Stadt geritten, den Schlosser holen.

BARONIN Jetzt?

KUTSCHER Befehl vom jungen Herrn Baron. Es ist eine Dachreparatur, sehr dringend, bevor die Gäste da sind.

BARONIN Richten Sie sich ein, wie Sie können. Ihr »Das geht nicht!« will ich nicht mehr hören. Warum geht denn alles, wenn der Theodor dahinter ist? Genug. Gehen Sie, bevor ich mich ärgere.

General erscheint oben im Gartensaal und verschwindet wieder.

KUTSCHER Melde gehorsamst, der Theodor versteht vom Stalldienst –

BARONIN *stößt zornig den Stock auf den Boden* Bevor ich mich ärgere!

4. SZENE

GENERAL *kommt sofort wie er die Baronin allein sieht durch den Gartensaal auf die Terrasse herab* Amelie! Sie ärgern sich –

BARONIN Ich ärgere mich nicht, meine Dienstleute ärgern mich.

GENERAL Es ist unverantwortlich von Jaromir – daß er die Folgen nicht bedacht hat, die es auf Ihr ruhebedürftiges zartes Wesen haben muß, wenn er Ihnen drei Personen auf einmal, die kaum zu Ihren Bekannten gehören, hier als Gäste auf den Hals lädt. Sie opfern sich einfach auf!

BARONIN Ado, Sie wissen sehr gut, daß es nicht in meinem Charakter liegt, mich aufzuopfern, Sie wissen, daß nach unserer stillschweigenden Abmachung der Jaromir jedes Recht hat, Personen, die ihm angenehm sind, zu einem kurzen Aufenthalt hierher einzuladen – also ziehen Sie die Sache nicht ins Sentimentale – und überdies, damit Sie es wissen, sind es nicht einmal diese langweiligen Besuche, die mich ärgern, sondern etwas anderes. *Geht auf und ab.*

GENERAL Amelie! *Ängstlicher* Sie haben eine Sorge!

BARONIN *stehen bleibend* Der Theodor hat mir am ersten gekündigt, das ist es, wenn Sie es durchaus erfahren wollen! Heute ist der vierzehnte Tag und er hat seine Kündigung bis zu dieser Stunde nicht zurückgezogen und sich obendrein krank gemeldet.

GENERAL Der Theodor! – Das ist ja – *er bleibt stehen.*

BARONIN Das ist von allen Dingen auf der Welt, die hätten passieren können, ungefähr das einzige, das geeignet ist, mich vollkommen aus der Fassung zu bringen; wenn es das ist, was Sie sagen wollen, Ado, dann haben Sie das Richtige zu sagen vorgehabt.

GENERAL Ja, wie ist denn das möglich! Das kann sich ein Dienstbote nicht unterstehen.

BARONIN Sie wissen sehr genau, Ado, daß der Theodor kein Dienstbote ist, sondern eben – der Theodor. Und außerdem hab ich ihm bei einem gewissen Anlaß vor zwei Jahren schriftlich gegeben –

GENERAL Sie sind zu gut, Amelie!

BARONIN Daß er jederzeit berechtigt sein soll, den Wunsch zu erkennen zu geben, sich auf seinen Ruhesitz zurückzuziehen.

GENERAL Seinen Ruhesitz?

BARONIN Das kleine Anwesen mit der Mühle, das er von seiner Großmutter geerbt hat, in seiner polnischen oder ruthenischen Heimat irgendwo in den Waldkarpathen, wo sich die Wölfe gute Nacht sagen.

GENERAL Vor zwei Jahren hat er sich das? – das war damals, wo Sie ihm nach einem Zusammenstoß mit dem Verwalter zugestanden haben, daß er das Verwalterzimmer bewohnen darf, und daß das Personal ihn Herr Theodor zu nennen hat – –

BARONIN Das war vor drei Jahren. Vor zwei Jahren war eine andere Affäre.

GENERAL Die mit dem Küchenmädel, mit dem kleinen rothaarigen, der er die Heirat versprochen hat und die dann plötzlich der Gegenstand seines Hasses geworden ist.

BARONIN Sie merken sich allen Haustratsch, Ado, das ist unmännlich im höchsten Grad!

GENERAL Und dieser Kerl hat nicht so viel Herz, so viel Anhänglichkeit an Sie –

BARONIN *geht auf und nieder* Ich bin ihm genau so gleichgültig wie allen Menschen eine Frau meines Alters ist.

GENERAL Amelie, das sagen Sie mir!

BARONIN Alte Frauen sind fremden Menschen langweilig, ihren Angehörigen lästig und ihren Enkeln ein Schrecken. Ich weiß das.

GENERAL *leise* Ich existiere nur in Ihnen.

BARONIN Sie sind sentimental, Ado, und sentimentale Menschen sind kritiklos und wissen selbst nicht, was in ihnen vorgeht. *Boshaft wie ein verwöhntes Kind* Wenn man mir aber zumutet, von heut auf morgen den einzigen Domestiken zu entbehren, dessen Umsicht und Verläßlichkeit mir noch ermöglicht, in dieser odiosen Welt eine einigermaßen erträgliche Existenz zu führen, wenn man mir die Krücke aus der Hand windet, *sie stößt mit dem Stock auf den Boden* an der ich noch mit einem Rest von Dezenz durch das Leben humple –

GENERAL *mit einer fliegenden Röte, die sein Gesicht plötzlich sehr jung macht* Ich werde selbst den Theodor in seinem Zimmer aufsuchen. Er war vor 27 Jahren Ulan in meiner Schwadron – ich möchte sehen –

BARONIN Nur um Gotteswillen keinen martialischen Ton, Ado. Sie kennen seine krankhafte Empfindlichkeit! – Aber vielleicht daß wieder irgendwelche außerordentliche Konzessionen –

GENERAL Zu denen Sie also bereit wären?

BARONIN Zu jeder!

GENERAL Ich gehe – Amelie. *Er bleibt aber stehen.*

JAROMIR *kommt durch den Gartensaal* Wohin denn, Ado?

GENERAL *im Abgehen* Ich hab eine Mission.

5. SZENE

JAROMIR Ah, ich höre, der Theodor hat sich zur Abwechslung in den Schmollwinkel zurückgezogen. Ich hab dir's gesagt, Mama, wie er vor vier Jahren, kurz nach meiner Heirat, sein Bon plaisir zu erkennen gegeben hat, aus meinen Diensten wieder in deine zurückzutreten. Ich kann ihn nach siebzehnjährigem Beisammensein nicht mehr aushalten – wenn du es versuchen willst, à la bonne heure! Er ist ja eine Perle und in seiner Klasse ein ungewöhnlicher Mensch, aber er liebt Szenen – und da mir Szenen beiläufig das Verhaßteste auf der Welt sind, und da ich hauptsächlich darum eine äußerst vernünftige und friedfertige kleine Frau geheiratet habe, um in meinen reiferen Jahren mich friedlich umgeben zu wissen –

BARONIN Der Theodor ist ein ganz ausgezeichneter Mensch!

JAROMIR Aber, ohne Frage, ein Erzengel – aber ich vertrag eben nicht, einen Erzengel zum Diener zu haben, in dem alle paar Monate lang der Machtkitzel erwacht, mir zu zeigen, daß er der Stärkere von uns beiden ist.

BARONIN *geht geärgert auf und ab und raucht* Du scheinst die Möglichkeiten dessen, was ein beschränktes Hauspersonal leisten kann, etwas zu überschätzen, mein Lieber, sonst hättest du nicht heute, an dem Tag, wo deine verschiedenen Freundinnen von sämtlichen Bahnhöfen abzuholen sind, den zweiten Kutscher zu Pferd in die Stadt geschickt, um den Schlosser für eine schließlich gleichgültige Dachreparatur herzubestellen.

JAROMIR Pardon, Mama, gerade diese Dachreparatur ist unaufschieblich. Es kann kein Mensch, der eines der Turmzimmer bewohnt, in der Nacht ein Auge zumachen, wenn eine losgerissene Dachrinne an ein wackelndes Eisengeländer schlägt – das muß ich als Bewohner der Mansarde wissen.

BARONIN *stehend* Du hast dir oben ein Schreibzimmer eingerichtet, höre ich – aber du schläfst doch nicht oben?

JAROMIR Allerdings. Seit einer Woche.

BARONIN Ah?

JAROMIR Seit die Baby in der Nacht mit den Zähnen so unruhig ist, hat die Anna darauf bestanden, daß ich mich umquartiere.

BARONIN *geht leise auf und nieder* Auch deine diversen Freundinnen sind jedenfalls sehr große Verhältnisse gewohnt –

JAROMIR Wie meinst du das, Mama?

BARONIN Häuser gewohnt, wo es gar keine Umstände macht, wenn man im letzten Moment seine Dispositionen abändert.

JAROMIR Inwiefern?

BARONIN Er, Galattis, erscheint also plötzlich nicht oder erscheint erst später – Madame kommt allein.

JAROMIR Die Melanie Galattis kommt allein? Ah, da bin ich sehr überrascht. Das tut mir sehr leid. Ich habe auf ihn gerechnet.

BARONIN *stehen bleibend* Da bist du überrascht? So. – Und ihre Jungfer bringt sie plötzlich auch nicht mit. Man richtet also die Turmzimmer für drei Personen ein, es erscheint eine.

JAROMIR *scheinbar sehr erstaunt und amüsiert* Die Melanie kommt ohne Jungfer! So eine bizarre Frau! Ich hätte nicht gedacht, daß sie ohne Jungfer eine Nacht in einer Jagdhütte verbringen würde. Aber so ist sie. Unberechenbar. Sie wird dich unterhalten.

BARONIN *wieder auf und ab* Frauen unterhalten mich selten. Besonders nicht, wenn ich sie durch längere Zeit sehen muß.

JAROMIR Und meine Idee war gerade, daß eine solche Anwesenheit von ein paar neuen Gestalten dich zerstreuen würde –

BARONIN Das war einer der Irrtümer, in die jüngere Angehörige in bezug auf ältere öfter verfallen.

JAROMIR Dann darfst du dich wenigstens absolut nicht stören lassen, durch die Gäste ebensowenig wie durch uns und die Kinder. Das ist mein und Annas einziger Wunsch.

BARONIN *grimmig* Ich bin euch für den Wunsch sehr verbunden. – *Sie stößt plötzlich den Stock auf den Boden.* Himmelherrgott – *ruft gegen die Tür links* Theodor! – wenn dieser Herr Galattis jetzt plötzlich wegbleibt, so ist doch das Bridge über den Haufen geworfen! Da muß ich ja noch Knall auf Fall jemanden herschaffen! *Ruft* Theodor! *besinnt sich* hört denn wieder kein Mensch! Milli!

JAROMIR Aber Mama, schone doch deine Nerven. So wird eben nicht Bridge gespielt werden.

BARONIN Und die Abende?

JAROMIR Man wird plaudern, man wird ein bißl im Park herumgehen –

BARONIN Bei unserem Klima!

JAROMIR Die Melanie singt recht hübsch, ich werd sie begleiten – man wird Dame oder Halma spielen –

BARONIN Lieber alles, als das!

JAROMIR Dann bitte ich, die Stunde nach dem Souper so einzurichten, wie es dir paßt. Jedenfalls führst du das Leben, das dir konveniert, ungestört weiter, die Anna das ihre, ich das meine. Ich denke zum Beispiel nicht daran, eine der Damen selbst von der Bahn abzuholen.

BARONIN Ah, du willst das uns überlassen? Reizend von dir!

JAROMIR Du schickst den Wagen hinaus – und bleibst vollkommen ungestört hier – indessen ich einen Spaziergang mache und mit mir und meinen Gedanken allein bin. Ich habe seit letzter Zeit – es muß das mit meinem vorgerückten Alter zu tun haben – ein ungeheures Einsamkeitsbedürfnis.

BARONIN Dann war es ein außerordentlich glücklicher Gedanke, dir das Haus voller Gäste zu laden.

JAROMIR Man isoliert sich nie so leicht, als wenn ein Haus voller Gäste ist. Ich werde jedenfalls die Vormittage durchaus unsichtbar sein.

BARONIN Du schreibst wieder etwas?

Jaromir bejaht stumm.

BARONIN Und du wirst es wieder drucken lassen? Amüsiert dich das so sehr?

JAROMIR Ich weiß nicht, was du meinst? Es ist üblich, daß man geistige Erzeugnisse durch die Druckpresse verbreitet.

BARONIN Natürlich, wenn man ein Autor ist.

JAROMIR Ich weiß nicht genau, Mama, worin du das Kriterium siehst, das mich von dieser Klasse von Menschen abtrennen würde. Für die Welt bin ich nämlich ein Autor, der meines ersten Buches. Mein Roman ist sehr anerkennend besprochen worden, er hat ein gewisses Aufsehen gemacht –

BARONIN Das Kriterium sehe ich darin, mein lieber Jaromir, daß die Berufsschriftsteller etwas erfinden, während du, der du eben keiner bist, und auch keiner zu sein verpflichtet bist, dich in deinem sogenannten Roman damit begnügt hast, dich selber und deine eigenen Gefühle und Ansichten zu Papier zu bringen, auf Draht gezogen mit Hilfe einiger Vorfälle aus deiner engeren Erfahrung, die ich weder interessant noch mitteilungswürdig finde, die aber vielleicht drei- bis vierhundert Personen veranlaßt haben, das Buch zu kaufen, in der Hoffnung, in der sie dann allerdings enttäuscht worden sind, darin etwas handgreiflichere und indiskretere Details über persönliche Bekannte zu finden, als ihnen tatsächlich darin aufzustöbern gelungen ist.

JAROMIR Ich danke dir sehr, Mama, daß du nicht gesagt hast: noch handgreiflichere und indiskretere Details, aber ich glaube, das ist ein Thema, in dem wir nicht weiter kommen. Ich darf also noch einmal wiederholen, daß ich in bezug auf den Aufenthalt der Damen gar keine speziellen Wünsche habe – und alles – aber alles! deinem Gutdünken und der bewährten Umsicht und Tatkraft deines Theodor überlasse – und um halb fünf zum Tee natürlich erscheinen werde. *Verneigt sich und geht ab über die Terrasse.*

6. SZENE

BARONIN *vor sich* Jetzt sind wir also plötzlich sechs zum Bridge, anstatt sieben. Bleibt die Wahl, ob man den Forstrat, der so laut atmet wie ein Künigelhas und nach Wein riecht, oder den affektierten Bezirkskommissär – *ruft ins Haus* Theodor! *Erinnert sich, stampft auf den Boden, ruft* Milli! *Anna mit dem kleinen Jaromir kommt durch den Gartensaal.*

DER KLEINE JAROMIR *läuft hin, küßt der Baronin die Hand, sieht sich um* Wo ist denn der Onkel Ado?

BARONIN *zu Anna* Was sagst du dazu, daß plötzlich der Galattis nicht kommt?

ANNA Aber Mama, das haben wir ja schon seit ein paar Tagen gewußt. Hat dir denn der Jaromir?

BARONIN Keine Silbe. Er schien sehr erstaunt darüber.

ANNA Du mußt verzeihen, es ist seine Arbeit, die braucht ein solches Maß an Vertiefung, daß er für alle anderen Sachen zerstreut ist. Du weißt, er schreibt wieder ein Buch.

BARONIN *bei ihren Gedanken* Ich hab gehört. Sie bringt auch keine Jungfer mit. Es ist doch unmöglich, eine junge Frau mutterseelenallein in dem Turmzimmer wohnen zu lassen, wo weit und breit kein Mensch zu errufen ist.

ANNA Aber der Jaromir wohnt doch jetzt oben in der Mansarde.

BARONIN Das hör ich. Das heißt, vor zwei Minuten hab ich es gehört.

ANNA Also, wenn sie Bedienung braucht, wird sie läuten, und wenn sie sich ängstigt, was übrigens nicht in ihrem Charakter liegt, so ist das Fenster von Jaromir fünf Meter von ihrem Balkon, und er hört, wenn sie noch so leise ruft – also ist kein Grund, sich über die Zimmereinteilung zu beunruhigen.

Baronin wirft ihr einen Blick zu und konstatiert die völlige Harmlosigkeit von Annas Miene.

DER KLEINE JAROMIR Mami –

ANNA Sei still. *Zur Baronin* Und was das Abholen betrifft, so werd ich mich sofort herrichten, und werd der Melanie entgegenfahren, ich möcht besonders artig mit ihr sein, weil sie doch früher –

vor unserer Heirat – eine große Freundin von Jaromir war – und die Marie Am Rain holt der Dogcart ab. – Der Jaromir darf unter keiner Bedingung durch irgend etwas, was mit den Gästen zusammenhängt, belastet werden. Er hat mir das erklärt: er ist, wenn er an einem Werk arbeitet, von einer einfach nicht vorstellbaren Empfindlichkeit und Verstimmbarkeit.

BARONIN Er läßt sich sehr gehen, der gute Jaromir.

ANNA Ich glaub, Mama, davon haben wir beide keine Vorstellung, was in einem solchen Phantasiemenschen vorgeht, wenn in diese innere Einsamkeit plötzlich die Menschen sich eindrängen.

DER KLEINE JAROMIR Großmama, der Theodor hat mir erlaubt, wenn er einmal krank ist, so darf ich ihn besuchen. Aber allein darf man nie in sein Zimmer gehen – da ist eine Zauberei im Zimmer, die macht, daß man eins zwei den Fuß nicht vom Boden wegkriegen kann und so stehen muß bis der Theodor kommt und einen mit einem Sprücherl wieder los macht.

ANNA Aber Bubi, wer wird denn solchen Unsinn glauben.

7. SZENE

General kommt wieder von links.

BARONIN Also nichts ausgerichtet? Ich seh! Ich seh ja schon!

DER KLEINE JAROMIR Warst du beim Theodor, Onkel Ado? Liegt er im Bett? Hat er ein seidenes Kapperl auf?

BARONIN *ungeduldig* Also was war denn, Ado?

GENERAL Er sagt, er wäre überrascht und betroffen davon, daß Sie Ihrerseits überrascht seien – wo Sie doch vor vierzehn Tagen seine Kündigung zur Kenntnis genommen hätten – es scheint, daß dieses Ignorieren Ihrerseits die Sache verschlimmert hat, liebe Baronin.

BARONIN Aber er muß doch eine tatsächliche Ursache haben – er tut mir so etwas nicht ohne eine schwerwiegende Ursache –

GENERAL Es war nicht möglich, ihn auf irgendeine Einzelheit zu bringen. Er hat mir nur die vier Dutzend weiße Krawatten gezeigt – die er beim Servieren trägt. Er sagt, er ist heute nach Mitternacht aufgestanden und hat sie einsam in seinem Zimmer gebügelt, um sie heute der Beschließerin zu übergeben und die Gedanken, die ihm während dieses Bügelns durch sein Inneres gegangen seien, die könnte er in diesem Leben niemandem offenbaren.

BARONIN Er gibt der Beschließerin die Krawatten ab! Dann betrachtet er sich ja schon als aus dem Dienst getreten.

DER KLEINE JAROMIR Mami, darf ich jetzt zum Theodor hinaufgehen?

ANNA Ja, lauf hinauf und sag dem Theodor, daß ich zu ihm hinaufkommen und mit ihm sprechen will. Sag: in drei Minuten.

DER KLEINE JAROMIR Ja. Mami. *Läuft fort.*

8. SZENE

BARONIN Du –

GENERAL *zu Anna* Aber das ist doch unmöglich, Baronin. Eine junge Frau wie Sie – er liegt schließlich im Bett.

BARONIN Lassen Sie sie, wenn sie will. Sie ist sehr in der Gnad beim Theodor. Vielleicht erreicht sie etwas!

ANNA Ich hab zwar das Gefühl, daß er mich haßt –

BARONIN Im Gegenteil –

ANNA Er hat manchmal eine Art, mich anzuschauen, als ob er mich fressen wollte – aber ihr müßt ihn besser kennen – und übrigens ist das doch ganz gleichgültig –

GENERAL Das ist ja ein Ogre dieser Mensch! Es geht einem ja durch und durch, wenn er seine eiskalten grünen Augen auf einen richtet. Dieses Individuum haßt in seinem Herzen uns alle wie wir sind. Glauben Sie mir, Amelie. Hinter diesem Blick ist nicht so viel von Liebe oder Anhänglichkeit –

BARONIN Vielleicht haßt er uns und liebt uns zugleich.

GENERAL Zugleich?

BARONIN Abwechselnd. Ich kann mich da ganz gut hineindenken.

GENERAL Sie können sich schon wieder in dieses Subjekt hineindenken! Und mir ist alles an ihm unbegreiflich.

9. SZENE

DER KLEINE JAROMIR *kommt zurückgelaufen* Er wird gleich herunterkommen!

BARONIN Wer?

DER KLEINE JAROMIR Der Theodor. So ist er aus dem Bett gesprungen, *er zeigts, indem er von einer oberen Stufe herabspringt* wie ich ihm gesagt hab, daß die Mama zu ihm kommen will, und hat gesagt: Ich werde mich sofort anziehen und unten im Salon erscheinen – und warum er von uns weggehen will, hab ich ihn gefragt und da hat er gesagt: Das Ganze paßt ihm nicht und er wirds der Großmama schon erklären – aber auf mich ist er nicht bös und wenn die Mami es erlaubt, so nimmt er mich mit auf seine Mühle und die steht mitten im Wald, und auf einem großen alten Eichenbaum, hoch oben ist ein Zimmerl aus Lindenholz, ganz wie ein Vogelkäfig, dort sitzen wir dann bis Mitternacht und zaubern mitsammen.

BARONIN Das Ganze paßt ihm nicht! – hat er gesagt: nicht mehr oder nicht? Bubi!

DER KLEINE JAROMIR Das weiß ich nicht mehr.

ANNA Das wird sich ja alles ganz gut aufklären und ebnen lassen. Somit bin ich hier überflüssig und küß die Hand, Mama. Ich fahr auf die Station. *Geht ab mit dem kleinen Jaromir.*

10. SZENE

GENERAL *seufzt und schüttelt den Kopf* Das ist schrecklich!

BARONIN Was irritiert Sie, Ado?

GENERAL Daß es gerade im Juni hat sein müssen, daß eine solche Unruhe dieses Haus erfüllt – –

BARONIN *zerstreut, sie glaubt, gehört zu haben, daß es klopft* Was hat das mit dem Juni zu tun?

GENERAL Amelie, es sind etwas mehr als dreißig Jahre her, am 11. Juni, – daß Sie – daß ich – wissen Sie wirklich dieses Datum nicht mehr?

BARONIN Ado, Sie sind ein Mathematiker mit Ihren ewigen Ziffern! Mich interessieren Ziffern nicht!

GENERAL Amelie, die Zeit ist doch gar nichts – wenn ich Sie so vor mir sehe – da existiert doch nichts als daß Sie da sind!

Es klopft oben an der Saaltür.

BARONIN Herein! – Ado, es hat geklopft.

GENERAL Es klopft immer, wenn ich ein bißchen mit Ihnen sprechen will.

11. SZENE

THEODOR *tritt ein, nicht in Livree, sondern in einem schwarzen Röckchen und dunklen Beinkleidern* Ich habe mir erlaubt, anzuklopfen, weil ich heute sozusagen als wie ein Besuch meine Aufwartung mache. Aber da ich sehe, daß ich unbedingt störe –

Baronin wirft einen verzweifelten Blick auf den General.

GENERAL Aber im Gegenteil. Bleiben Sie hier, lieber Theodor, und sprechen sich aus. Ich werde indessen im Park patrouillieren und melde Ihnen, Baronin, wenn der erste Wagen in die Allee einbiegt. *Ab durch den Saal.*

12. SZENE

BARONIN Sie betrachten sich also nicht mehr im Dienst befindlich?

THEODOR Allerdings, seit heute mittag zwölf Uhr.

BARONIN Ja, was soll denn da werden? Sie wissen doch, daß ich zu allem noch Gäste erwarte!

THEODOR *mit bedauernder Gebärde* Es ist mir selber sehr peinlich. Aber sehr gewichtige Umstände haben mich in die Zwangslage versetzt.

BARONIN Theodor, haben diese Umstände etwas mit meiner Person zu tun?

THEODOR Euer Gnaden bitte ich nur in untertänigster Dankbarkeit die Hände küssen zu dürfen.

BARONIN Hat jemand vom Personal sich gegen Sie etwas zuschulden kommen lassen?

THEODOR Ich möchte in diesem Augenblick das Personal keiner Erwähnung wert halten.

BARONIN Sie haben sich nicht entschließen können, dem Herrn General irgendeine Andeutung zu machen – aber der Kleine hat etwas dahergeplauscht –

THEODOR Das Kind in seiner Unschuld versteht besser als durchtriebene Menschen ein Gemüt wie das meinige.

BARONIN Der Kleine hat ausgerichtet: das Ganze paßt dem Theodor nicht mehr. Was soll das heißen?

THEODOR Diese Worte sind sehr schicklich, um in einer allgemeinen Art das auszudrücken, was im Besonderen vielleicht peinlich sein könnte.

BARONIN Ja, wie soll man da –

THEODOR Es wurde auf solche für beide Teile peinliche Aussprachen im Falle meines mir nötig erscheinenden Rücktrittes im vorhinein gnädigst verzichtet, meine Gründe im vorhinein gebilligt. *Will in die Tasche greifen.*

BARONIN Lassen Sie das stecken. Ich weiß, was ich geschrieben habe. *Schweigt und bohrt mit dem Stock auf dem Boden.*

THEODOR Dieses gnädige Handschreiben wurde an mich erlassen – zu meinem fünfundzwanzigjährigen Jubiläum in diesem herrschaftlichen Hause, als ein Zeichen besonderen ungewöhnlichen Vertrauens.

BARONIN Das war meine Absicht.

THEODOR Es sollten damit die Jahre, welche ich noch in dienender Stellung zu bleiben mich entschließen würde, herausgestrichen werden als Ehrenjahre. *Mit erhobener Stimme* Wer solche Ehrenjahre abdient, müßte demgemäß vor einer Mißachtung seiner Person geschützt sein.

BARONIN Ja, wer bezeigt Ihnen denn Mißachtung? Wer untersteht sich das? Setzen Sie sich nieder, Theodor, und sprechen Sie sich aus.

THEODOR *setzt sich auf den Rand des Stuhles* Es sind an mir in diesem Leben viele Ungeheuerlichkeiten begangen worden. Ich hätte bekanntlichst eine geistliche Person werden sollen, aber als eine vaterlose Waise bin ich durch Gemeinheit gemeiner Menschen in den dienenden Stand gestoßen worden. –

BARONIN Ich kenne Ihre Biographie, Theodor. Sie ist sehr achtenswert. Ihr Vater war ein Lump, aber Ihre Mutter – Gott hab sie selig – eine der gescheitesten Frauen auf der Welt, und Sie haben ihren Verstand geerbt.

THEODOR Seine freiherrlichen Gnaden, Herr Oberst, ist demgemäß in meinen Armen gestorben.

BARONIN Ja, Sie haben meinen Mann treu gepflegt.

THEODOR Der Herr Oberst hat mir in seiner letzten Lebensstunde gedankt, daß ich ihm meine Jugend aufgeopfert habe; und hat mich mit Tränen in seinen sterbenden Augen beschworen, seinen Jaromir nicht im Stich zu lassen, und mir den heiligen Eid abverlangt, daß ich dem jungen Herrn mein Mannesalter aufopfern werde. Denn er hat die vielen und großen Schwächen dieses Jünglings erkannt.

BARONIN Und dann haben Sie siebzehn Jahre im Dienst meines Sohnes verbracht und sich tadellos geführt, aber endlich haben gewisse Verschiedenheiten in Ihren beiden Charakteren es wünschenswert erscheinen lassen, daß Sie aus seinem Dienst wieder in meinen treten, was mir natürlich sehr lieb war!

THEODOR Das könnte man gesellschaftlich so sagen, aber es wäre nichts weiter als eine vertuschende Redeweise. *Sehr stark, aber nicht laut* Die Wahrheit ist diese: das ganze Leben, das er geführt hat, war eine fortgesetzte Beleidigung meiner Person.

BARONIN Pst, pst, Sie sprechen von meinem Sohn.

THEODOR *stehend* Ich bitte nichts anderes, als die Hände küssen und mich stillschweigend untertänigst zurückziehen zu dürfen, auf immer! *Als wollte er gehen.*

BARONIN Ich wünsche, daß Sie bleiben, Theodor!

THEODOR Jawohl, meine Eltern haben mir in der heiligen Taufe den lieben Namen Theodor zugeeignet. – Er hat den Namen nicht beliebt. Ich bin bei ihm die Jahre hindurch Franz gerufen worden. Daran bitte zu erkennen, wie er die Menschenwürde in mir geachtet hat. Das Ganze war eine siebzehnjährige, beständige Bezeigung von Mißachtung.

BARONIN Aber das sind doch schließlich nur Kleinigkeiten.

THEODOR Kleinigkeiten? Für die menschliche Seele gibt es keine Kleinigkeiten. Das müssen Euer Gnaden als hochgeborne und gebildete Dame wissen. Er hat vor meinen sehenden Augen ein Junggesellenleben geführt von einer beispiellosen Frivolität und eiskalten Selbstsucht.

Baronin stößt mit dem Stock.

THEODOR Sehr richtig. Ich habe es ertragen; ich habe Krawatte hergerichtet und Jackett oder Smoking, wenn ich gewußt habe, er geht darauf aus, ein weibliches Wesen in einer Abendstunde mit kaltherziger Niederträchtigkeit um die Seele zu betrügen. Der jüngere Mensch heult mit den Wölfen.

BARONIN Aber Theodor, Sie sind mir auch kein Heiliger!

THEODOR Ich bin kein Heiliger, aber wenn ich eine liebende Handlung begehe, so begehe ich sie mit meinem ganzen Herzen und stehe dafür ein mit meiner ganzen Seele. Bei ihm aber ist das Gegenteilige der Fall – und das kann ich nicht vertragen, mit meinem Auge zu sehen, und jetzt ist der Tropfen gekommen, der den Becher zum Überfließen bringt!

BARONIN Jetzt? Wieso denn?

THEODOR *steht auf* Jetzt? wieso denn? – wenn er sich jetzt seine Maitressen paarweise hieherbestellt ins Haus; jetzt, wo er verheiratet ist, jetzt, wo er eine Aufgabe hätte im Leben – wo sie ihm zwei Kinder geschenkt hat, dieser gesegnete Engel – und da ladet er sich die Betreffenden hier aufs Schloß ein, nachdem er selbst in einem Büchel, in einem sogenannten Schlüsselroman ohne einen literarischen Wert, diese ganze Geschichte mit der Marie auf den Pranger hingestellt hat. –

BARONIN Ich weiß absolut nicht, wovon Sie reden, Theodor.

THEODOR Oh! Ich bitte Hände zu küssen und mich stillschweigend zu entfernen – *als wollte er gehen.*

BARONIN Und jedenfalls gehören diese Dinge, möge selbst irgend etwas daran gewesen sein, längst der Vergangenheit an.

THEODOR Bei ihm gibt es keine Vergangenheit. So ist er nicht! Bei ihm ist nichts vorüber. Um etwas aufzugeben, dazu gehört eine innerliche Reinlichkeit.

Baronin stößt den Stock auf den Boden.

THEODOR *leise* Dieses unglückliche Fräulein Marie, das ist ja eine Blume, die er geknickt und zertreten hat. Er ist wie eine Boa constrictor: ausgesogen hat er ihr die Seele viereinhalb Jahre lang, aber jetzt, wo sie wie eine wächserne Leiche ist, umschlingt er sie noch immer und läßt sie nicht los. Er ist viel zu geizig in seinem kalten Herzen, als daß er ein Opfer loslassen würde. Und jetzt hat sich, das haben wir in Erfahrung gebracht, diesem Mädchen ein anderer genähert, ein Mensch, der scheint es, einer wirklichen Liebe und Hingebung fähig ist. Das reizt ihn aufs neue, da zieht er sie wieder herbei – damit sie seiner Macht und Oberherrschaft nicht entgeht, und mag sie verschmachten darüber und ihre Jugend verwelken wie ein abgemähtes Gras. Wie wagt er das – vor meinen sehenden Augen? Wie darf er sich so über meine siebzehnjährige Mitwisserschaft hinwegsetzen? Bin ich sein Hehler? Sein Spießgefährte, der ihm die Mauer macht? Da tritt er ja meine Menschenwürde in den Kot hinein. Wie wagt er mir unter die Augen diese andere Person, dieses berüchtigte Frauenzimmer, diese Melanie, hierher zu bestellen? Und mit ihr zu bereden, daß sie ihren Ehemann auf lügnerische Weise dahin bringt, abzusagen – und daß sie sich schließlich sogar unter betrügerischen Vorwänden ihrer Jungfer entledigt und daherkommt, wie eine ledige Nachtwandlerin, eine Somnambule? Meint er, ich höre nicht, was er telephoniert? Oder ich bin so borniert, weil er einige englische Brocken einschiebt, daß ich darüber die Spur verliere? Wie wagt er denn solche Manöver, daß er selber das Schlafzimmer verläßt, wo dieser gütige Engel mit ihm ehelich wohnt und sich hinaufquartiert in die Mansarde, und bei hellichtem Tag den Schlosser daherkommen läßt, den Verbindungsgang herzustellen für eine nächtliche ehebrecherische Promenade, damit nur nichts klappert? Das spricht ja Hohn allen göttlichen und menschlichen Gesetzlichkeiten!

BARONIN Aber Theodor! Theodor! *Geht auf und nieder.*

THEODOR *folgt ihr nach* Wo in mir, in meiner nicht vergessenden Herzkammer alle diese seine Weibergeschichten und Schlechtigkeiten abphotographiert sind bis in die kleinsten und niederträchtigsten Zärtlichkeiten und Meineide.

BARONIN So mäßigen Sie sich doch etwas.

THEODOR *tritt zurück* Ich bin sehr gemäßigt. Aber meine gekränkte Person benötigt demgemäß eine große Heilung. Eine heilige Atmosphäre muß um mich herum gebreitet werden auf lange, an der ich die menschliche Erbärmlichkeit vergessen kann. Ich muß in meine einsame Heimat, auf meine abgelegene Scholle und alte riesige Eichbäume müssen immerfort zu mir flüstern: Theodor – du bist ein Heiliger gegen diesen, und er ist nicht wert, die Riemen deiner staubigen Schuhe aufzulösen – aber du hast ihn geschont aus Gnade, wo du nur hättest gebraucht den kleinen Finger einer Hand aufzuheben, weil du eine große Seele hast vor deinem Herrgott.

GENERAL Baronin, Sie müssen empfangen, ich höre den ersten Wagen anrollen!

BARONIN Das auch noch! – Gehen Sie indessen – ich komme –

General ab über die Terrasse.

BARONIN Aber Theodor, es wird doch einen anderen Weg geben! Irgendeine andere Form, Ihnen eine innere Genugtuung zu schaffen. Ich werd Sie doch deswegen nicht verlieren sollen.

THEODOR Frau Baronin, Gnaden, ich bin keine käufliche Seele. Eine Genugtuung, die mir in dieser Lebensstunde noch genügen sollte, die könnte sich nicht, wie in früheren Fällen, in der Dienstbotenatmosphäre abspielen – die dürfte nicht aus Äußerlichkeiten bestehen! Die müßte auf das Große und Ganze gehen. Die müßte zeigen, wo Gott wohnt!

BARONIN Eine solche kann ich doch unmöglich verschaffen!

THEODOR Nein. Die könnte mir allerdings nur ein Stärkerer schaffen als Euer Gnaden.

BARONIN Ja – wer denn?

Theodor lächelt.

BARONIN An was denken Sie denn? So reden Sie doch! Ich bitte Sie mit aufgehobenen Händen – so reden Sie doch.

GENERAL Baronin, das Fräulein von Am Rain fährt vor. *Bleibt an der Glastür stehen, aber draußen.*

BARONIN Sie meinen doch nicht etwa eine Auseinandersetzung in ähnlicher Tonart mit meinem Sohn in der Absicht, diese Damenbesuche wieder rückgängig zu machen. Sie denken doch nicht an solche Unmöglichkeiten, Theodor!

THEODOR An ihn denke ich so wenig wie möglich. Seine Rolle wäre übrig zu bleiben und dazustehen in seinem nichts durchbohrenden Gefühle vor seiner edlen Gemahlin und vor seiner leiblichen Mutter.

BARONIN Ich will alles, was Sie da geredet haben, nicht gehört haben. Wenn es von mir abhinge, daß die Damen nicht erscheinen oder gleich wieder abreisen, würde ichs machen. Aber ich kann's nicht!

THEODOR Euer Gnaden können es nicht. Schön. – Ich könnte es sehr leicht. Sehr leicht vielleicht nicht, aber mit einer gewissen Mühe. Die würde ich mir nehmen.

BARONIN Sie?

THEODOR Mit einem Atemzug würde ich dieses zweischneidige Techtelmechtel vor mich hinblasen wie Stäubchen!

BARONIN Ja, wie denn um Gotteswillen! Sie werden doch nicht in offener Opposition meinem Sohn entgegentreten wollen?

THEODOR Im Gegenteil, ich würde sorgen, daß die Damen selbst in zartfühlendster Weise den Herrn Baron über die Gründe ihres Verschwindens anlügen werden!

BARONIN Aber doch nicht vor Ende der Woche!

THEODOR Eine Nacht in diesem Hause ist mehr als genug! Oder mein Auge soll es nicht wahrnehmen. Ich bitte mich zu entlassen in dieser Sekunde!

BARONIN Und eine solche Lösung, wenn sie denkbar wäre – würde Sie – Sie würden dann Ihre Kündigung zurücknehmen?

THEODOR Die Entscheidung darüber müßte ich vorbehalten, abhängig zu lassen von dem Ausgang des Ganzen, ob derselbe mir in meinem Innern eine wahre und ausreichende Genugtuung bietet.

GENERAL Baronin, es ist die höchste Zeit! Man ist schon da.

BARONIN *im Abgehen* Bleiben Sie hier!

13. SZENE

Bevor die Baronin noch hinausgetreten ist, erscheint Marie Am Rain oben im Saale, sie ist sehr blaß und scheint von der Reise hergenommen. Der General folgt ihr. Die Jungfer ist zugleich von links hereingetreten.

MARIE *im Hereintreten* – und es war unendlich gut von Ihnen, daß Sie mir erlaubt haben, zu kommen, und das zu einer so schönen Jahreszeit.

BARONIN Bei uns ist die Jahreszeit nie schön, aber ich hoffe, daß Sie sich in unserem alten Kasten halbwegs gemütlich fühlen werden –

GENERAL Und Ihr guter Vater – wie gehts ihm?

MARIE *indem wie ein Schleier über ihre Stimme fällt* Nicht sehr gut, Herr General.

GENERAL Und das ist gerade ein Mann, der verdienen würde, daß es ihm gut ginge. Gerade der, wie kein Zweiter!

MARIE Ich danke Ihnen, Herr General, daß Sie mir das sagen. Das ist lieb.

BARONIN Darf ich Ihnen das Zimmerl zeigen, das die Kinder für Sie bestimmt haben. Es hat eine hübsche Aussicht, das ist das einzige. *Macht Miene, mit Marie abzugehen.*

GENERAL Baronin, ich hör den zweiten Wagen anfahren. (Meine Ohren sind nämlich das einzige, was noch ganz intakt bei mir ist.) Die Baronin erwartet nämlich noch die Frau v. Galattis.

MARIE *sichtlich unangenehm überrascht* Oh – dann bitte ich, bleiben Sie doch, Baronin – nein bitte, bleiben Sie doch.

JUNGFER Darf ich das gnädige Fräulein –

GENERAL Ich bring Sie bis an Ihre Tür – Sie müssen mir noch mehr von Ihrem Vater sagen. Das ist doch der sympathischeste Mann von unserer ganzen Generation – *Schon im Abgehen mit Marie* Sie können ja nur Gott danken, daß Sie ihn haben –

14. SZENE

BARONIN *zurückbleibend und gleich wieder auf die Terrasse hinabsteigend* Also kommen Sie her, Theodor. Schnell. Sie haben mir da früher Dinge vorerzählt – ich hab einen ganz heißen Kopf bekommen! Ich hab nur soviel daraus entnommen – daß Sie unter gewissen Bedingungen, von denen ich allerdings nicht ahne, wie sie könnten erfüllt werden – bleiben würden – ich kann Ihnen nur eines sagen –

THEODOR Ich glaube, von meinen Bedingungen in deutlicher Weise gesprochen zu haben. Meine Genugtuung wünsche ich zu erblicken darin, daß das ganze Gebäude von Eitelkeit und Lüge über einem schuldigen aber ahnungslosen Kopfe jählings zusammenstürzen muß, als eine unbegreifliche Wirkung meiner höheren Kräfte.

BARONIN Ja, aber diese Bedingung ist doch unerfüllbar.

THEODOR Ich habe deutlich gezeigt, daß sie erfüllbar ist, wenn man mir die freie Hand läßt.

BARONIN Ich habe keine Ahnung mehr, was sie mir da vorgeredet haben.

THEODOR Mir ist diese ausweichende Redeweise bei weiblichen Personen bekannt. Demgemäß werde ich mich in Ruhestand zurückziehen. *Er heftet einen durchdringenden Blick auf sie.*

BARONIN *schnell* Ich weiß nur das eine, daß ich mit Ihnen zufrieden bin und keinen Grund sehe, Sie zu verlieren!

THEODOR *lächelt und verneigt sich* Ich werde demgemäß meine Maßregeln einleiten. Ich bin mit beiden weiblichen Charakteren sehr vertraut aus langjähriger Bekanntschaft. Diese da *er zeigt auf die Tür, durch welche Marie eben abgegangen ist* ist ein unglückliches Wesen mit einer schönen geängstigten Seele. Diese werde ich direkt anspielen. Die andere Person werde ich von der Bande anspielen. Und die Folge wird sein, daß sie sich beide morgen vor dem Nachtmahl von hier verziehen werden, zu seiner bitterlichen Enttäuschung.

BARONIN Von der Bande? Was soll denn das heißen?

THEODOR Das sind Ausdrücke, vom Billardspiel entlehnt. Ich

habe gedacht, daß sie allgemein bekannt sind. Diese Melanie ist wie die meisten Frauenspersonen dumm und gescheit zugleich. Demgemäß habe ich ausgesprochen, daß man sie indirekt oder von der Bande anspielen muß. Zu dem Behuf habe ich schriftlich schon herausgegeben, daß diese junge Witwe, die Hermine, sich hier auf dem Schloß einfinden und aushilfsweise Damenbedienung übernehmen soll.

BARONIN Die Hermine – ja ich bin ganz einverstanden –, aber ich habe gedacht, zwischen der und Ihnen stehts nicht ganz richtig.

THEODOR Ich habe ihr verziehen und dies in meinem Brief zu erkennen gegeben. Sie wird demgemäß bestimmt heute abend glückselig erscheinen und mir blind ergeben sein. Sie ist gleichzeitig in feinerer Damenbedienung eine ausgelernte Person.

BARONIN Meinetwegen. Und was soll ich tun?

THEODOR In keiner Weise das allergeringste Garnichts, mit Ausnahme: mir in diskreter Weise freie Hand zu lassen.

BARONIN Ich beschwöre Sie, Theodor – ich weiß ja nicht, wo mir der Kopf steht –

THEODOR Ich bitte, jetzt keine Beschwörungen mehr anzuwenden, sondern lediglich ein einziges Wort später auszusprechen, damit jeder Mann im Haus weiß, woran er sich zu halten hat.

BARONIN Was für ein Wort denn noch? Ich sprech gar nichts aus. Ich will gar nichts wissen.

THEODOR Euer Gnaden werden ganz einfach sagen: Und Sie, lieber Theodor, übernehmen jetzt wieder die Aufsicht über das Ganze! Dies bitte auszusprechen, wenn das niedere Personal gegenwärtig sein wird – und ich werde dann zugleich Bekräftigung unserer demgemäß geheimen Abmachungen erblicken.

BARONIN Aber ich hab doch gar nichts mit Ihnen verabredet.

THEODOR Sehr wohl. Darauf werde ich bestehen, daß es wörtlich so ausgesprochen wird und in einer äußerst huldvollen Weise: »Und Sie, lieber Theodor, übernehmen jetzt wieder die Aufsicht über das Ganze.« Es wird für mich eine geheime unterirdische Bedeutung haben, die anzuhören meinen Ohren eine schmeichelhafte Genugtuung bereiten wird. *Er sieht sie scharf an.*

BARONIN Also ich werd es sagen, ich werd es sagen!

15. SZENE

GENERAL *von oben* Die Damen!

Anna und Melanie erscheinen in dem Saal. Hinter ihnen der Gärtner in grauer Jägerlivree, der Melanie eine kleine Tasche nachträgt.

Baronin geht die Stufen hinauf entgegen.

Milli, die Jungfer, ist gleichfalls oben eingetreten.

Der kleine Jaromir kommt hereingelaufen, das Kindermädchen hinter ihm; Anna und Melanie treten ein.

MELANIE Es ist zu gut von Ihnen, Baronin, daß Sie mir erlaubt haben, zu Ihnen zu kommen!

ANNA Sie ist ganz frei, ihr Mann fischt Forellen, und sie wird sehr lang bei uns bleiben. Ich freue mich riesig. Wir harmonisieren schon wie zwei Zigeuner auf einem Pferd.

Baronin wirft unwillkürlich einen ängstlichen Blick auf Theodor.

Theodor erwidert den Blick mit einem überlegenen Lächeln.

ANNA Das ist unser großer Bub, die Kleine zeig ich dir dann gleich.

General begrüßt Melanie.

BARONIN Und mein Sohn? Was sagen Sie zu dem ungeschickten Menschen? Er wollte Ihnen entgegen. Er muß den Feldweg genommen und bei der langen Hecke den Wagen übersehen haben.

ANNA Aber Mama, du brauchst nicht schwindeln. Sie kennt doch den Jaromir so gut. Sie versteht alles an ihm.

BARONIN Darf ich Ihnen das Turmzimmer zeigen, wo die Kinder durchaus gewünscht haben, Sie einzuquartieren. Ich hätt Ihnen ein etwas bequemeres Appartement zugedacht – *Gebärde, sie zum Gehen einzuladen.*

Gärtner hat die Saaltür links geöffnet, Milli das Reisenecessaire an sich genommen. Alle sind im Begriff abzugehen.

Theodor vertritt aber, ohne daß die anderen es merken, der Baronin den Weg und zwingt sie so, ihren Blick auf ihn zu richten. Dann tritt er zurück.

MELANIE *hat Theodor bemerkt* Ah, Sie sind auch da, Franz! *Nickt ihm zu.*

BARONIN *schon im Abgehen, bleibt noch einmal stehen, sucht Theo-*

dor mit dem Blick und sagt sehr freundlich und nachdrücklich Und Sie, lieber Theodor, übernehmen jetzt wieder die Aufsicht über das Ganze!

Die Damen, begleitet von dem General, gehen oben links ab.

THEODOR Antreten!

Die Beschließerin, der Kutscher, das Küchenmädchen, der Gärtner stellen sich vor ihm in eine Reihe, und während Theodor ihnen kurz seine Befehle zuruft, fällt der Vorhang.

NACHBEMERKUNG

Der Text von Hofmannsthals Lustspiel ›Der Unbestechliche‹ hat seine besondere Geschichte. Er wurde zu Lebzeiten des Autors nie vollständig gedruckt, und weder die genaue Textvorlage der Wiener Uraufführung noch jene der Berliner Aufführung im gleichen Jahr sind erhalten. Deshalb kommt der Konstituierung des möglichst authentischen Texts eine besondere Bedeutung zu.

Grundlage für die kritisch revidierte Textfassung des ›Unbestechlichen‹ ist ein Theatermanuskript, das 1956 im Rahmen der von Herbert Steiner edierten Ausgabe der ›Gesammelten Werke‹ in korrigierter Form erstmals veröffentlicht wurde. Der 1. Akt des Lustspiels hingegen wurde schon am 18. März 1923 in der Wiener Zeitung ›Neue Freie Presse‹ gedruckt. Da dies der einzige zu Hofmannsthals Lebzeiten zustande gekommene (Teil-)Druck ist, wird er in der vorliegenden Ausgabe vollständig wiedergegeben (siehe S. 81–107). Bei diesem Erstdruck handelt es sich allerdings um eine Fassung, die bereits bei ihrem Erscheinen – zwei Tage nach der Uraufführung des Lustspiels im Raimundtheater – überholt ist. Denn während der Probenarbeit, an der Hofmannsthal intensiv beteiligt war, wurde der Text an vielen Stellen wesentlich verändert, vor allem gekürzt.

Bei der Textgrundlage handelt es sich um den Durchschlag eines unbekannten Originals der Theaterabteilung des S. Fischer Verlags, Berlin o. J. Dieses im Nachlaß erhaltene unkorrigierte Bühnenexemplar ist zum Teil fehlerhaft. Erst der Textvergleich mit den letzten handschriftlichen Fassungen des Autors und die Arbeit an der Kritischen Ausgabe ermöglichten es, eine Reihe von Versehen zu beseitigen, die sowohl im vollständigen Erstdruck von 1956 (S. Fischer Verlag, Frankfurt am Main) als auch im Band Dramen IV der ›Gesammelten Werke in zehn Einzelbänden‹, hrsg. von Bernd Schoeller, in Beratung mit Rudolf Hirsch, Fischer Taschenbuch Verlag (Band Nr. 2162, S. 451–525) stehengeblieben sind.

Der vorliegende revidierte Text basiert auf der Kritischen Ausgabe der ›Sämtlichen Werke‹ Hofmannsthals, veröffentlicht 1986 im Band XIII, Dramen 11, der von mir herausgegeben wurde. Dort konnten eine ganze Reihe von Textverbesserungen im Sinne der Handschriften vorgenommen werden. So wurden zum Beispiel offensichtliche Abschreib- bzw. Hörfehler bei Eigennamen und Ortsbezeichnungen beseitigt sowie uneinheitliche Schreibweisen bei Fremdwörtern vereinheitlicht. Individuell, zeitlich oder regional bedingte Eigenheiten und Schwankungen in Schreibweise und Zeichensetzung wurden grundsätzlich beibehalten. In jedem Fall wurde in der Kritischen Ausgabe nur dann in den Text eingegriffen, wenn die Handschriften einheitlich waren. Dies gilt auch für die vorliegende Leseausgabe. An verschiedenen Stellen des Texts mußte offenbleiben, ob es sich um eine Autorkorrektur oder um ein Schreibversehen handelt. Zu den einzelnen Details sei verwiesen auf die entsprechenden Nachweise auf den Seiten 144–146 von Band XIII der ›Sämtlichen Werke‹ sowie auf die Editionsprinzipien im selben Band (S. 257–264). Die Einzelheiten der Textgenese lassen sich dort anhand der Darstellung der erhaltenen Notizen, Entwürfe und Textvarianten genau ablesen.

Roland Haltmeier